Sprachförderlicher Fachunterricht

FörMig Material

Herausgegeben von

İnci Dirim, Ingrid Gogolin, Drorit Lengyel, Ute Michel, Ursula Neumann, Hans H. Reich, Hans-Joachim Roth und Knut Schwippert

Band 8

Hanne Brandt, Ingrid Gogolin

Sprachförderlicher Fachunterricht

Erfahrungen und Beispiele

Unter Mitarbeit von Margit Maronde-Heyl
und Heidi Scheinhardt-Stettner

Waxmann 2016
Münster · New York

Die vorliegende Publikation entstand im Rahmen des Transferprogramms ‚Förderung von Kindern und Jugendlichen mit Migrationshintergrund FörMig', das von 2010 bis 2013 von den Ländern Berlin, Hamburg, Niedersachsen, Sachsen und der *Regionalen Arbeitsstelle zur Förderung von Kindern und Jugendlichen aus Zuwandererfamilien* (RAA) getragen wurde.

Bibliografische Informationen der Deutschen Nationalbibliothek
Die Deutsche Nationalbibliothek verzeichnet diese Publikation in der Deutschen Nationalbibliografie; detaillierte bibliografische Daten sind im Internet über http://dnb.d-nb.de abrufbar.

ISSN 1866-6620
ISBN 978-3-8309-3378-6

www.waxmann.com
info@waxmann.com

Umschlaggestaltung: Pleßmann Design, Ascheberg
Umschlagbild: © Hans-Christian Scholz 2015
Satz: Stoddart Satz- und Layoutservice, Münster
Druck: Media-Print GmbH, Paderborn

Gedruckt auf alterungsbeständigem Papier, säurefrei gemäß ISO 9706

Printed in Germany

Inhalt

Kapitel A: Hintergrund und Entwicklungsgeschichte

A 1 Sprache und Bildungserfolg

Trotz allmählicher Verbesserung der Lage erzielen viele Jugendliche mit Migrationshintergrund in Deutschland nach wie vor geringere Leistungserfolge als Gleichaltrige ohne Zuwanderungsgeschichte. Zu diesem Ergebnis kommen viele Untersuchungen der Bildungsforschung (vgl. Müller und Ehmke 2013, S. 272). Dieser Befund ist von besonderer Brisanz, wenn man bedenkt, dass heute ein Fünftel der Gesamtbevölkerung in Deutschland einen Migrationshintergrund hat. Mit neuen Zuwanderungen – nicht nur in moderaten Zahlen – muss jederzeit gerechnet werden. Dafür sorgen nicht nur besondere Ereignisse wie Kriege oder Naturkatastrophen, sondern auch die insgesamt wachsende internationale Mobilität der Menschen, verbunden mit globalen Verflechtungen in Politik und Wirtschaft. Migration ist also kein ‚Sonderzustand', sondern der Normalfall. Regionen, in denen es den Menschen besser geht als anderswo auf der Welt, werden die Anziehungspunkte für Migranten bleiben. Insofern ist Deutschland zu wünschen, dass es ein nachgefragtes Zuwanderungsland bleibt.

Nach wie vor haben Kinder mit Migrationshintergrund in Deutschland schlechtere Bildungserfolgschancen als Einheimische.

Mit Zuwanderung müssen wir rechnen.

Bildungseinrichtungen sind von diesen Entwicklungen stets besonders betroffen, denn Migration ‚verjüngt' die Bevölkerung. So kamen unter den Einjährigen Anfang der 2010er Jahre mehr als ein Drittel der Kinder in Deutschland aus einer Familie mit Migrationshintergrund. In Großstädten wie Augsburg, Duisburg, Hamburg, oder Offenbach werden mehr als 50 % der Kinder eines Geburtsjahrgangs in Familien mit Migrationshintergrund hineingeboren (Autorengruppe Bildungsberichterstattung 2014). Aber auch eher ländliche Regionen müssen sich darauf einstellen, dass die Zahl der Kinder, die einen Migrationshintergrund haben, wächst und diese daher – insbesondere in sprachlicher Hinsicht – wahrscheinlich andere Bildungsvoraussetzungen in die Schule mitbringen als Kinder nicht eingewanderter Eltern.

Migration ist jung.

Gewiss sind es vielschichtige Zusammenhänge, die dazu beitragen, dass es Unterschiede im Bildungserfolg zwischen Kindern und Jugendlichen mit und ohne Migrationshintergrund gibt. Die sprachlichen Bildungsvoraussetzungen, die die Lernenden in die Schule mitbringen, sind nicht die einzige, aber eine gewichtige Ursache dafür, dass Bildungschancen unterschiedlich sind. Da die Beherrschung der Unterrichtssprache und die Möglichkeiten zu lernen in enger Beziehung stehen, gelten sprachliche Bildungsvoraussetzungen neben dem sozioökonomischen Status der Schüler(innen) und der Bildungserfahrung ihrer Familien als wichtige Erklärungen für die beobachteten Leistungsdisparitäten. Hieraus erwächst den Schulen eine besondere Aufgabe.

A 1.1 Alltagssprache vs. Bildungssprache

Für schulischen Erfolg ist das Verfügen über bildungssprachliche Kompetenzen entscheidend.

Forschung aus dem englischen Sprachraum hat zuerst darauf aufmerksam gemacht, dass für schulischen Erfolg nicht primär die Beherrschung der Alltagssprache entscheidend ist. Vielmehr geht es um das Verfügen über ein spezielles sprachliches Register, das im Englischen als ‚academic language' (CUMMINS 2000), ‚academic discourse' oder auch ‚the language of schooling' (SCHLEPPEGRELL 2004) bezeichnet wird. Für den deutschen Sprachraum wurde für diese Sprachvarietät im Kontext des Modellprogramms FÖRMIG (Förderung von Kindern und Jugendlichen mit Migrationshintergrund) der Begriff ‚Bildungssprache' geprägt. Aufgegriffen wurde dabei eine Definition von Jürgen HABERMAS (1977), der Bildungssprache als dasjenige sprachliche Register bezeichnete, mit dessen Hilfe man sich mit den Mitteln der Schulbildung ein Orientierungswissen verschaffen kann (vgl. GOGOLIN und LANGE 2011, S. 108).

Bildungssprache unterscheidet sich von Alltagssprache auf unterschiedlichen Ebenen.

Es handelt sich dabei um ein Sprachregister, dessen Zweck es ist, hoch verdichtete, kognitiv anspruchsvolle Informationen in kontextarmen, formellen Konstellationen zu übermitteln – wir erläutern dies unten noch weiter. Bildungssprache ist in ihrer Form an den Regeln des Schriftsprachgebrauchs orientiert – auch dann, wenn sie sich mündlich vollzieht (vgl. GOGOLIN und LANGE 2011, S. 111). Sie unterscheidet sich auf diskursiver, lexikalisch-semantischer und syntaktischer Ebene von ‚Alltagssprache'. Zu ihren Merkmalen zählen zum Beispiel nominale Zusammensetzungen (*Sanduhr, Funktionsgleichung*), unpersönliche Konstruktionen (Passivsätze, man-Sätze), Kollokationen (*ein Ziel verfolgen*) und umfängliche Attribute (*der nach oben gerichtete Blick*) (vgl. GOGOLIN und LANGE 2011, S. 113–114).

Bildungssprache ist wichtig, weil sie in Lehrmaterial verwendet und von ‚erfolgreichen' Schüler(inne)n erwartet wird.

Das soll nicht besagen, dass Alltagssprache minderwertig ist und Bildungssprache die ‚bessere' Sprache. Hingewiesen wird lediglich darauf, dass beide Verständigungsweisen unterschiedliche Funktionen erfüllen und deshalb auch unterschiedliche Formen aufweisen. Auch im Kontext der Schule, des Lernens, wird aber Alltagssprache benutzt, nicht nur in der Freizeit, sondern auch im Unterricht oder anderen Interaktionen. Bildungssprache hat jedoch einen besonderen Stellenwert: Im Bildungskontext ist Bildungssprache besonders bedeutsam, weil sie in Lehrwerken und anderem Arbeitsmaterial verwendet und in Prüfungen verlangt wird. Auf normativer Ebene wird die Beherrschung des Registers Bildungssprache von ‚erfolgreichen' Schülerinnen und Schülern erwartet (vgl. GOGOLIN und LANGE 2011, S. 111). Und sie wird umso mehr gefordert und verwendet, je weiter eine Bildungsbiographie voranschreitet (vgl. GOGOLIN und LANGE 2011, S. 111).

A 1.2 Durchgängige Sprachbildung

Insbesondere Kinder und Jugendliche, die Deutsch als Zweitsprache lernen, oder solche, die in sozioökonomisch unterprivilegierten Familien aufwachsen, bedürfen beim Erwerb von Bildungssprache einer durchgängigen Unterstützung. Aus diesem Grund wurden in klassischen Einwanderungsländern wie Großbritannien, Kanada und Australien bereits seit den 1980er Jahren verschiedene Konzepte wie ‚Language Across the Curriculum' (LAC), ,Content and Language Integrated Learning' (CLIL), ,Sheltered Instruction Observation Protocol' (SIOP), ,Language Awareness' oder ,Scaffolding' entwickelt, die sich damit beschäftigen, wie sprachliches und fachliches Lernen miteinander verknüpft werden können.

Erfahrungen dieser Art waren Grundlage für das im Rahmen von FörMig entwickelte Konzept der ,durchgängigen Sprachbildung'. Durchgängigkeit im Sinne von FörMig beinhaltet unter anderem, dass die Vermittlung bildungssprachlicher Kompetenzen nicht nur im Rahmen des Deutschunterrichts, sondern in allen Fächern geschehen sollte (vgl. Gogolin und Lange 2011, S. 117–119).

Sprache spielt in allen Fächern eine wichtige Rolle.

Mittlerweile ist die Vermittlung bildungssprachlicher Kompetenzen als gemeinsame Aufgabe aller Fächer in den Bildungs- bzw. Rahmenplänen vieler Bundesländer fest verankert. Der *Referenzrahmen Schulqualität NRW* fordert beispielsweise einen „bewusste[n] und förderliche[n] Umgang mit Sprache in allen Fächern und schulischen Handlungsbereichen" (Ministerium für Schule und Weiterbildung 2015, S. 33). In den Hamburger Bildungsplänen für alle Schulformen, Schulstufen und Fächer findet sich ein Passus, der besagt, dass bildungssprachliche Kompetenzen in der von Alltagssprache dominierten Lebenswelt der Schülerinnen und Schüler nicht automatisch erworben werden, sondern ihr Aufbau eine Aufgabe aller Fächer, nicht nur des Deutschunterrichts ist (vgl. u.a. Freie und Hansestadt Hamburg – Behörde für Schule und Berufsbildung 2011, S. 14). Auch die „Empfehlungen für Interkulturelle Bildung und Erziehung in der Schule" der Konferenz der Kultusminister der Länder (KMK) erkennt die Schule als zentralen Ort für den Erwerb bildungssprachlicher Kompetenzen und benennt die Umsetzung der Sprachbildung als Kernaufgabe in jedem Fach (vgl. Ständige Konferenz der Kultusminister der Länder in der Bundesrepublik Deutschland 2013, S. 8).

In vielen Bundesländern ist die Vermittlung bildungssprachlicher Kompetenzen als Aufgabe aller Fächer in den Rahmen- und Bildungsplänen vorgeschrieben.

Insbesondere Fachlehrerinnen und -lehrer, die nicht Deutsch als Zweitsprache studiert oder freiwillig (Weiter-)Qualifizierungsangebote in diesem Bereich absolviert haben, stellt die Forderung, neben der Vermittlung von Inhalten auch die ,Sprache zur Sache' zu unterrichten, vor eine neue Herausforderung. Dies gilt vor allem, weil das Thema ,Sprachliche Bildung im Fachunterricht' in den meisten Bundesländern bisher weder obligatorischer Bestandteil des Lehramtsstudiums noch des Referendariats ist.

A 2 Qualitätsmerkmale für den Unterricht

Im Rahmen des Modellprogramms FörMig gründete sich im Mai 2006 eine Arbeitsgruppe, die es sich gemeinsam mit sieben Modellschulen zur Aufgabe machte, Sprachbildung in allen Fächern systematisch in den Schulalltag zu integrieren. Mit diesem Vorhaben haben sich die Beteiligten Pionierarbeit vorgenommen, denn zum damaligen Zeitpunkt gab es in Deutschland keine ausgearbeiteten Modelle oder Programme für die Umsetzung einer durchgängigen Sprachbildung. Nicht zuletzt aufgrund der unterschiedlichen Ausgangslagen von Schulen gab es kein einheitliches Konzept für die Praxis durchgängiger Sprachbildung.

Im Rahmen des Modellprogramms FörMig wurde für Deutschland erstmalig Sprachbildung in allen Fächern systematisch erprobt.

Dies war auch die Ausgangslage für die an der Arbeitsgruppe beteiligten Modellschulen. Es konnte ihnen kein Rezept gegeben werden, das während der Projektzeit von allen umgesetzt werden sollte. Vielmehr war gemeinsame Entwicklungsarbeit erforderlich: Die Beteiligten aus der Schulpraxis sahen sich vor der Aufgabe, bestehende Ideen und Konzepte in die Bedürfnisse des eigenen Standorts zu ‚übersetzen'. So erinnert sich ein Mitglied der Arbeitsgruppe:

> Man kann nicht eins zu eins mit den Ergebnissen einer Tagung an eine Schule gehen und sagen: „So, jetzt wollen wir mal das machen, wie uns das der Professor gesagt hat." Sondern man muss das von der Theorie in die Praxis runterbrechen. Es gehört noch der Prozess dazu, das für die eigene Schule brauchbar zu machen, dass es auch speziell für diese Schule mit diesen Gegebenheiten und diesen Problemlagen passend gemacht werden kann. (FörMig-Koordinatorin, zit. nach Hawighorst 2009, S. 33)

Die an der Arbeitsgruppe beteiligten Schulen setzten sich unterschiedliche Schwerpunkte im Bereich der sprachlichen Bildung, z.B. die Verbindung von individualisiertem Unterricht und durchgängiger Sprachbildung. Als Anregung dienten Ansätze aus Ländern, die diesbezüglich über langjährige Erfahrung verfügten (vgl. A 1.2 Durchgängige Sprachbildung).

A 2.1 Von der Praxis auf's Papier

Die FörMig-Erfahrungen wurden systematisiert und als Handreichung „Qualitätsmerkmale für den Unterricht" veröffentlicht.

Im Zuge der Zusammenarbeit und mit zunehmend positiven Erfahrungen wuchs das Interesse daran, herauszufinden, ob es Merkmale sprachförderlichen Unterrichts gibt, die sich an den beteiligten Schulen trotz unterschiedlicher Rahmenbedingungen wiederkehrend als erfolgsversprechend erwiesen haben. Aus der Diskussion dieser Frage entstanden schließlich die *Qualitätsmerkmale durchgängiger Sprachbildung*. Hierin sind Erfahrungen festgehalten, die aus der Praxis der Erprobung von Ideen und Konzepten in den Modellschulen hervorgingen und sich aus der Sicht der Beteiligten bewährt hatten.

Abbildung 1: Qualitätsmerkmale für den Unterricht

Die Qualitätsmerkmale beschreiben Besonderheiten und Eigenschaften bildungssprachförderlichen Unterrichts.

Schlussendlich wurden diese Erfahrungen 2011 als Handreichung publiziert. Es handelt sich um eine Zusammenstellung von Merkmalen, Konkretisierungen und Beispielen dafür, wie Sprachbildung in allen Fächern umgesetzt werden kann. Man könnte auch sagen: Es werden darin Besonderheiten und Eigenschaften von bildungssprachförderlichem Unterricht beschrieben.

Zwei Grundvoraussetzungen sind für eine gelingende Förderung bildungssprachlicher Fähigkeiten in heterogen zusammengesetzten Schulen und Klassen essentiell – sie bilden die Basis für die Qualitätsmerkmale. Es handelt sich um die Bereitschaft,

1.) Sprachbildung durchgängig in allen Fächern umzusetzen zu wollen und

2.) die Mehrsprachigkeit von Schülerinnen und Schülern nicht als Hindernis, sondern als Ressource für diese Aufgabe anzuerkennen, also auch diese – wenn möglich – einzubeziehen und zu fördern (vgl. Gogolin et al. 2011, S. 8).

Und so lauten die Qualitätsmerkmale:

QM 1:	Die Lehrkräfte planen und gestalten den Unterricht mit Blick auf das Register Bildungssprache und stellen Verbindungen von Allgemein- und Bildungssprache her.
QM 2:	Die Lehrkräfte diagnostizieren die individuellen sprachlichen Voraussetzungen und Entwicklungsprozesse.
QM 3:	Die Lehrkräfte stellen allgemein- und bildungssprachliche Mittel bereit und modellieren diese.
QM 4:	Die Schülerinnen und Schüler erhalten viele Gelegenheiten, ihre allgemein- und bildungssprachlichen Fähigkeiten zu erwerben, aktiv einzusetzen und zu entwickeln.
QM 5:	Die Lehrkräfte unterstützen die Schülerinnen und Schüler in ihren individuellen Sprachbildungsprozessen.
QM 6:	Die Lehrkräfte und die Schülerinnen und Schüler überprüfen und bewerten die Ergebnisse der sprachlichen Bildung.

A 2.2 Vom Papier auf die Leinwand

Die Qualitätsmerkmale dienten in der FörMig-Transferphase (2010–2013) als Grundlage für die Entwicklung und Erprobung sprachförderlichen Unterrichts.

Während der Transferphase des FörMig-Programms gründete sich erneut eine Arbeitsgruppe Durchgängige Sprachbildung. Ziel dieser Gruppe war es, an die vorherigen Erfahrungen anzuknüpfen und auf Grundlage der *Qualitätsmerkmale* noch tiefer in die Entwicklung und Erprobung von guten Ansätzen für bildungssprachförderlichen Unterricht einzusteigen. Es sollte gewissermaßen eine Rückübersetzung vom Papier in die Praxis erfolgen. Auch hier war die Arbeit in den Alltag in Modellschulen eingebunden. Im Vordergrund standen also die Verbindung von Forschungsergebnissen mit Praxiserfahrung und der Transfer in praxiserprobte Projekte und Produkte.

Die Arbeitsgruppe setzte sich zusammen aus Lehrkräften und Schulleiter(inne)n aus den beteiligten Modellschulen, ferner Koordinatorinnen aus verschiedenen FörMig-Transferprojekten (Bundesarbeitsgemeinschaft der RAA, DaZNet- Niedersachsen, FörMig-Transfer Berlin, FörMig-Transfer Hamburg und FörMig-Transfer Sachsen) sowie einer wissenschaftlichen Begleitung durch das FörMig-Kompetenzzentrum der Universität Hamburg. An jeder Schule gab es zusätzlich zu einem festen AG-Mitglied sogenannte FörMig-Gruppen, die an Workshops und Tagungen teilnahmen.

Die Arbeit war an den Alltag in Modellschulen angebunden.

Insgesamt arbeiteten zwölf Modellschulen aus sechs Bundesländern in der AG mit: die (heutige) Stadtteilschule Wilhelmsburg und die Nelson-Mandela-Schule in Hamburg, die Krusensternschule und der Schulcampus Rostock-Evershagen in Rostock, das Wilhelm-von Siemens-Gymnasium in Großenhain, das Robert-Blum-Gymnasium in Berlin, das Elly-Heuss-Knapp-Gymnasium in Duisburg, die Integrierte Gesamtschule Linden, die Herschelschule und die Albert-Schweitzer-Schule in Hannover sowie die Gemeinschaftsgrundschule Styrum in Mülheim (Ruhr).

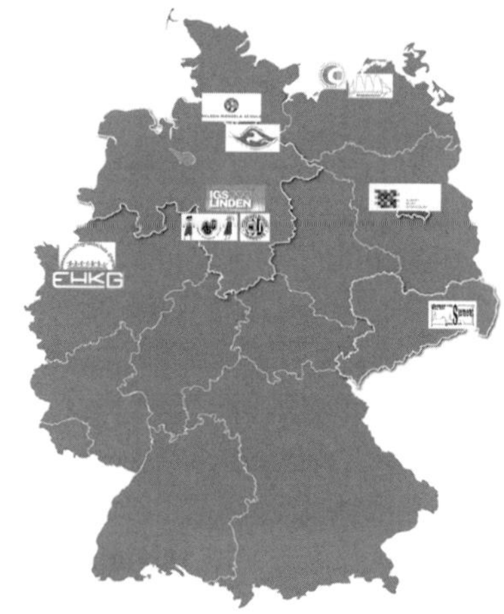

Abbildung 2:
Standorte der Modellschulen

Die Modellschulen unterschieden sich nach ihrer Größe, dem Anteil an Schüler(inne)n mit Migrationshintergrund und hinsichtlich Erfahrung im Bereich DaZ.

Die Schulen starteten mit sehr unterschiedlichen Ausgangsvoraussetzungen. Neben der Zugehörigkeit zu verschiedenen Schulformen (Grundschulen, Gymnasien, Gesamtschulen, Stadtteilschulen) variierten sie hinsichtlich ihrer Größe, der Zusammensetzung der Schülerschaft und ihrer Erfahrung mit sprachlicher Bildung unter Mehrsprachigkeitsbedingungen: Die kleinste Schule wurde von ca. 300 Schüler(inne)n besucht, die größte von ca. 1.000. Ein Gymnasium in einer sächsischen Kleinstadt verfügte über einen Anteil von gerade einmal 6 % von Schülerinnen und Schülern mit Migrationshintergrund, während Schulen in Hamburg und Berlin annähernd 100 % dieser Schüler(inne)n verzeichneten. Einige Schulen waren bereits im ersten Modellprogramm FÖRMIG als Modellschule beteiligt gewesen und hatten viel Erfahrung im Bereich der sprachlichen Bildung, für andere Schulen war dieses Thema zu Beginn der gemeinsamen Arbeit noch relativ unbekanntes Terrain. ‚Heterogen' ist also das Adjektiv, das die teilnehmenden Schulen treffend charakterisiert. Dennoch gab es eine wichtige Gemeinsamkeit: Die Schulen sahen die Notwendigkeit und hatten Interesse daran, den Unterricht in sprachlicher Hinsicht zu verbessern.

Aufbauend auf dem Unterricht, den die Modellschulen im Rahmen der AG-Arbeit entwickelten und erprobten, ist als Endprodukt ein Video entstanden, das Ausschnitte aus bildungssprachförderlichem Unterricht zeigt. Dabei wollen wir nicht ganze Unterrichtsstunden oder gar Unterrichtseinheiten zeigen, sondern kürzere Sequenzen, die für einen guten bildungssprachförderlichen Unterricht anregend sein sollen.

A 3 Über dieses Heft und die DVD

Das Ergebnis der gemeinsamen Arbeit halten Sie in der Hand. Sie lernen Unterrichtssequenzen kennen, bei denen es sich um Mitschnitte aus der alltäglichen Arbeit in den Modellschulen handelt – nicht um gestellte oder dramaturgisch durchgeplante Szenen. Per Video wurden an den beteiligten Schulen *über mehrere* Tage ganze Unterrichtsstunden aufgenommen. Für die DVD wurden in gemeinsamer Arbeit Szenen ausgewählt, die sich Qualitätsmerkmalen der durchgängigen Sprachbildung zuordnen ließen, zugleich aber die alltägliche Arbeit in Schulen wiedererkennen lassen. Die Zusammenstellung erhebt also nicht den Anspruch, ideale Praxis zu präsentieren – eher handelt es sich um reale Praxis.

Die Sequenzen wurden zu Kapiteln zusammengestellt, die unterschiedliche Aspekte einer durchgängigen Sprachbildung illustrieren. Die DVD ist in sechs Hauptkapitel gegliedert: Im ersten Teil der DVD erfahren Sie näheres über die Bedeutung von Bildungssprache im Schulkontext und darüber, wie die Arbeit in der AG Durchgängige Sprachbildung funktioniert hat. Kurz: Hier versorgen wir Sie mit Fakten und Hintergrundinformationen. Im zweiten Teil zeigen wir Ihnen Ausschnitte aus sprachförderlichem Unterricht. Aufgegriffen werden Themen wie ‚Klare Rahmung und Explizitheit', ‚Aufgabenstellungen und Operatoren' oder ‚Sprachliche Lernhilfen für die Textproduktion'. Das dritte Kapitel ist dem Thema ‚Wortschatzarbeit' gewidmet. Gezeigt werden darin beispielsweise der Einsatz eines ‚Wörterbuches der Geometrie' und eines ‚Operatorenplakats'. Im vierten Abschnitt werden zwei Ansätze zur Verbesserung der Lesefähigkeit von Schülerinnen und Schülern vorgestellt, die an den Modellschulen erprobt wurden. Im fünften Kapitel der DVD gehen wir darauf ein, wie die Mehrsprachigkeit der Schüler(innen) in den Unterricht einbezogen werden kann. Und last, but not least, teilen uns Lehrkräfte und Schulleitungen mit, welche Schritte ihrer Erfahrung nach notwendig sind, damit durchgängige Sprachbildung als ‚Normalfall' in der Schule verstetigt werden kann.

Das Einsatzfeld dieser DVD und des vorliegenden Begleitheftes ist die Qualifizierung von pädagogischem Personal oder von anderen interessierten Menschen, die sich mit der Praxis durchgängiger Sprachbildung beschäftigen möchten. In den Kapiteln dieses Begleitheftes sind die Überlegungen dargestellt, die wir mit den zusammengestellten Videosequenzen jeweils verbinden. Zusätzlich finden sich in jedem Kapitel Hinweise auf weiterführende Lektüre und anregendes Material. Immer wieder werden dabei die *Qualitätsmerkmale für den Unterricht* (2011) aufgegriffen. In diesem Heft finden Sie in der Marginalie immer wieder Verweise auf die Qualitätsmerkmale **QM1 – QM6**. Die Unterrichtsausschnitte und Kommentierungen auf der DVD sowie dieses Beiheft sollen die Qualitätsmerkmale illustrieren.

Abbildung 3: Hauptmenü der DVD ‚Bildungssprachförderlicher Fachunterricht'

Immer dann, wenn ein Textabschnitt durch einen Videoausschnitt illustriert wird, finden Sie in der Marginalie folgendes Symbol:

Zur besseren Lesbarkeit verwenden wir in diesem Heft verkürzte Weblinks, sogenannte ‚tinyurls'. Sie können diese ganz normal in Ihren Browser (Firefox, Chrome, Explorer etc.) eingeben und werden dann auf die entsprechenden Homepages weitergeleitet. Eine Aufschlüsselung der tinyurl-Adressen finden Sie aber auch am Ende des Heftes.

Danksagung

Das Ihnen vorliegende Material entstand in der kollegialen, vertrauensvollen Zusammenarbeit mit den Lehrkräften der Modellschulen, ihren Berater(inne)n, Schulleitungen und nicht zuletzt: den Schülerinnen und Schülern (und deren Eltern), die uns die Erlaubnis zu Videoaufnahmen gaben. Ihnen gilt an dieser Stelle unser ganz besonderer Dank. Zu danken haben wir aber auch anderen Unterstützer(inne)n:

- dem Audiovisuellen Zentrum (avz) an der Fakultät für Erziehungswissenschaft der Universität Hamburg, das die Produktion des Videos ermöglicht hat – insbesondere Andreas Hedrich und Hans-Christian Scholz, die uns bei der Umsetzung des Videoprojekts von Anfang an begleitet und beraten haben.
- der Senatsverwaltung für Bildung, Jugend und Wissenschaft, Berlin für die finanzielle Unterstützung der Filmproduktion.
- unseren Hilfskräften Miriam Augustin-Krummel und Maren Sahlmüller für die Unterstützung der AG Arbeit und bei der Sichtung und Sortierung des Videomaterials sowie Marina Beratz und Susanne Reitemeyer für das genaue Korrekturlesen dieses Heftes.

Nicht zuletzt danken wir den Mitwirkenden des FörMig-Transferprogramms für ihre geduldige Unterstützung.

Ihre Meinung ist uns wichtig.

Welche Erfahrungen machen Sie beim Umgang mit dieser Handreichung und der DVD? Sind unsere Erläuterungen nachvollziehbar? Ist die Zusammenstellung gelungen? Zu welchen Aspekten würden Sie sich Verbesserungen wünschen?

Wir freuen uns, wenn Sie uns Rückmeldungen geben, die wir für die Verbesserung dieses Materials verwenden können.

Bitte nehmen Sie mit uns Kontakt auf:
Prof. Dr. Dr. h.c. Ingrid Gogolin und Hanne Brandt für die AG Durchgängige Sprachbildung
Universität Hamburg, Fakultät Erziehungswissenschaft
Von-Melle-Park 8, 20146 Hamburg
Sekgogolin@uni-hamburg.de

Literatur

AUTORENGRUPPE BILDUNGSBERICHTERSTATTUNG (2014). Bildung in Deutschland 2014. Ein indikatorengestützter Bericht mit einer Analyse zur Bildung von Menschen mit Behinderungen. Bielefeld: W. Bertelsmann Verlag.

CUMMINS, J. (2000). Language, power and pedagogy. Bilingual children in the crossfire. Clevedon [England], Buffalo [N.Y.]: Multilingual Matters (Bilingual education and bilingualism, 23).

FREIE UND HANSESTADT HAMBURG – BEHÖRDE FÜR SCHULE UND BERUFSBILDUNG (2011). Bildungsplan Stadtteilschule Jahrgangsstufe 5 bis 11. Lernbereich Gesellschaftswissenschaften. Online verfügbar unter http://tinyurl.com/osqohrn, zuletzt geprüft am 20.07.2015.

GOGOLIN, I.; LANGE, I. (2011). Bildungssprache und Durchgängige Sprachbildung. In: M. GOMOLLA und S. FÜRSTENAU (Hg.): Migration und schulischer Wandel: Mehrsprachigkeit. Wiesbaden: VS Verlag, S. 107–127.

GOGOLIN, I.; LANGE, I.; BAINSKI, C.; HEINTZE, A.; RUTTEN, S.; SAALMANN, W. (2011). Durchgängige Sprachbildung. Qualitätsmerkmale für den Unterricht. Unter Mitarbeit von der FÖRMIG-AG Durchgängige Sprachbildung. Münster [u.a.]: Waxmann (FÖRMIG-Material, 3).

HABERMAS, J. (1977). Umgangssprache, Wissenschaftssprache, Bildungssprache. In: Jahrbuch der Max-Planck-Gesellschaft zur Förderung der Wissenschaften, S. 36–51.

HAWIGHORST, B. (2009). Durchgängige Sprachbildung an der Apollonia-von-Wiedebach-Schule Mittelschule der Stadt Leipzig. Ein Porträt. Hamburg. Online verfügbar unter http://tinyurl.com/ndpnmal, zuletzt geprüft am 08.10.2015.

MINISTERIUM FÜR SCHULE UND WEITERBILDUNG (2015). Referenzrahmen Schulqualität NRW. Schule in NRW Nr. 9051. Düsseldorf. Online verfügbar unter http://tinyurl.com/p2lakha, zuletzt geprüft am 08.10.2015.

MÜLLER, K.; EHMKE, T. (2013). Soziale Herkunft als Bedingung der Kompetenzentwicklung. In: M. PRENZEL, C. SÄLZER, E. KLIEME und O. KÖLLER (Hg.): PISA 2012. Fortschritte und Herausforderungen in Deutschland. Münster: Waxmann, S. 245–274.

SCHLEPPEGRELL, M. (2004). The Language of Schooling: A Functional Linguistics Perspective. London: Routledge.

STÄNDIGE KONFERENZ DER KULTUSMINISTER DER LÄNDER IN DER BUNDESREPUBLIK DEUTSCHLAND (Hg.) (2013). Interkulturelle Bildung und Erziehung in der Schule. Beschluss der Kultusministerkonferenz vom 25.10.1996 i. d. F. vom 05.12.2013. Online verfügbar unter http://tinyurl.com/noeg7sp, zuletzt geprüft am 18.06.2015.

Kapitel B: Beispiele für sprachförderlichen Unterricht

B 1 Die Sprache des (Fach-)Unterrichts

Durchgängige Sprachbildung, wo sie nicht Schlagwort bleibt, sondern Praxis wird, bricht mit vielen Traditionen der schulischen Bildung in Deutschland. Ein Beispiel dafür ist, dass Sprachbildung traditionell den ‚Sprachbildnern' zugedacht wurde – also den Lehrkräften, die eine Sprache (Deutsch, Englisch, Französisch ...) unterrichten. Diese Vorstellung ist richtig und falsch zugleich. Richtig ist, dass das Fach Deutsch die deutsche Sprache (und Literatur) zum Gegenstand hat. Falsch ist hingegen, dass im Deutschunterricht das Deutsch der Mathematik, der Physik, der Musik, der Geschichte oder der Philosophie mit seinen jeweiligen Besonderheiten unterrichtet wird. Diese speziellen Varianten des Deutschen müssen in den Fächern selbst – im Sinne eines sprachsensiblen Fachunterrichts – zum Gegenstand gemacht werden.

Die Notwendigkeit dafür, dass sprachliche Bildung integrativ im Fachunterricht erfolgt, wurde auch im Modellprogramm FörMig deutlich: Die Programmevaluation zeigt, dass sich Sprachförderung, die integrativ erfolgt, besonders gewinnbringend auf die schulische Sprachentwicklung auswirkt (Gogolin et al. 2011, S. 165). Additive Sprachförderung, die zusätzlich und außerhalb des Regelunterrichts erfolgt, ist in bestimmten Fällen zwar ebenfalls notwendig und wichtig, zum Beispiel, wenn Kinder nicht über genügend grundlegende Sprachkenntnisse im Deutschen verfügen, um dem Unterricht überhaupt folgen zu können. Additive Förderung reicht aber nicht für eine erfolgreiche Schülerlaufbahn aus.

B 2 Planen und gestalten mit Blick auf das Register Bildungssprache

QM 1: *Lehrkräfte kennen die Unterschiede zwischen Alltags- und Bildungssprache.*

Voraussetzung dafür, dass Lehrpersonen ihren Unterricht sprachsensibel (oder: bildungssprachförderlich) gestalten können, ist, dass sie selbst die Unterschiede zwischen Alltags- und Bildungssprache kennen. Wie bereits in Kapitel A angedeutet, unterscheiden sich diese sprachlichen Varianten, die in der Sprachwissenschaft ‚Register' genannt werden, auf verschiedenen Ebenen.

Bei Bildungssprache handelt sich um ein formelles Sachregister, das gewiss nicht ausschließlich im Bildungskontext gebräuchlich ist. Wir finden es in gesprochener und geschriebener Weise beispielsweise in anspruchsvollen Presseorganen, akademischen Vorträgen, in Büchern oder öffentlichen Verlautbarungen. In Bezug auf den schulischen Kontext besteht Bildungssprache zum einen aus der „gemeinsame[n] Schnittmenge von Wörtern und Satzstrukturen, die fachunabhängig für alle Fächer gilt" (Beese et al. 2014, S. 27). Zum anderen kommen die Ausdrucksweisen hinzu, die für das Lernen in den Unterrichtsfächern spezifisch sind – also fachspezifischer Wortschatz (zum Beispiel *Masse und Gewichtskraft*) oder fachliche Redewendungen (zum Beispiel *konstruiere eine Senkrechte zu diesem Strahl in Punkt P*). Die Bezeichnung Bildungssprache in diesem Sinne wurde aus dem Modellprogramm FörMig heraus in die Diskussion gebracht, weil die Aneignung dieses Registers nicht im quasi natürlichen Spracherwerbsprozess erfolgt, sondern der Unterweisung im formalen Kontext – also in Bildungseinrichtungen – bedarf (Gogolin et al. 2011).

Dies rührt unter anderem daher, dass Bildungssprache auch dann den Regeln der Schriftsprache folgt, wenn sie sich – beispielsweise in einer Präsentation oder einem Vortrag – mündlich vollzieht. Man spricht deshalb auch von ‚konzeptioneller Schriftlichkeit' als Merkmal bildungssprachlicher Kommunikation. Alltagssprachliche Kommunikation weist hingegen deutlich die Merkmale ‚konzeptioneller Mündlichkeit' auf.

In alltagssprachlichen Situationen können Sprecher(innen) auf einen gemeinsamen Kontext Bezug nehmen oder auf etwas zeigen und dies durch den Einsatz von Mimik und Gestik unterstreichen (vgl. Lange und Gogolin 2010, S. 12). Typisch für alltagssprachliche Kommunikation sind deshalb Äußerungen, die grammatisch betrachtet unvollständig sind. Das Vokabular ist oft unspezifisch (*machen, sein, tun*). Häufig werden Platzhalter oder sprachsprachliche Floskeln (*Dingsda, oder, so*) verwendet. Die kognitive Anforderung ist in alltagssprachlichen Situationen eher gering (vgl. Beispiel zu Alltags- und Bildungssprache in Tabelle 1).

Für die Bewältigung bildungssprachlicher Anforderungen hingegen ist es in der Regel nicht möglich, auf das Hier und Jetzt zu verweisen. Deshalb müssen Sachverhalte präzise ausgedrückt und Zusammenhänge ausformuliert werden (vgl. Lange und Gogolin 2010, S. 12) Um dies zu erreichen, werden beispielsweise unpersönliche Formulierungen und komplexe Satzstrukturen (Subordinierung) benötigt (vgl. Beispiel zu Bildungssprache in Tabelle 1). Abstrahierende und differenzierende Ausdrücke werden verwendet (*nach oben transportieren* statt *raufbringen*). Sich bildungssprachlich auszudrücken, erfordert eine hohe kognitive Involvierung.

Tabelle 1: Beispiel Alltags- und Bildungssprache aus Gibbons (2006, S. 271–272)

Alltagssprache	**Bildungssprache**
• konzeptionell mündlich • kontextgebunden • geringe kognitive Involvierung	• konzeptionell schriftlich • kontextreduziert • hohe kognitive Involvierung
Das… nein, es geht nicht … es bewegt sich nicht … versuch das … ja, es geht … ein bisschen … das nicht … das geht nicht, es ist kein Metall … diese sind am besten … gehen richtig schnell	Ein Magnet ist ein Stück Metall, das von einem unsichtbaren Kraftfeld umgeben ist, welches auf magnetisches Material einwirkt. Der Magnet kann ein Stück Eisen oder Stahl hochheben oder anziehen, weil sein magnetisches Feld in das Metall fließt und es vorübergehend in einen Magneten verwandelt […].
(drei 10-jährige Schüler(innen) sprechen und handeln dabei)	(aus einem Kinderlexikon)

Auch in der Schule ist alltagssprachliche Kommunikation in bestimmten Phasen sinnvoll und nützlich.

Selbstverständlich findet sich in der Praxis der Kommunikation in der Schule beides: alltagssprachliche und bildungssprachliche Verständigung. Jedenfalls ist es nicht in allen Phasen des Unterrichts angebracht, von den Schüler(inne)n bildungssprachliche Äußerungen zu erwarten. Während eines Experiments oder einer Arbeitsphase, in der neue fachliche Inhalte erschlossen werden sollen, kann ein Austausch auf alltagssprachlichem Niveau beispielsweise viel sinnvoller und funktional sein. Das Verstehen von etwas Neuem ist kognitiv sehr anspruchsvoll.

Wenn es also im Unterricht darum geht, dass Schüler(innen) sich auf die ‚neue Sache' konzentrieren, kann es zielführend und funktional sein, dass sie sich alltagssprachlich verständigen; sie können entlastet werden von der Anforderung, sich sachlich oder fachlich adäquat auszudrücken (wie im Beispiel in Tabelle 1). Die angemessene sprachliche Fassung des dann (hoffentlich) inhaltlich Verstandenen zu erlernen, ist ein eigener Akt. Er wird erforderlich, wenn die Inhalte durchdrungen worden sind und verschriftlicht oder in der angemessenen Ausdrucksweise mündlich präsentiert werden müssen. Für diesen Teil des Lernprozesses ist es wichtig, den Schüler(inne)n die benötigten (bildungs-)sprachlichen Mittel explizit zu vermitteln. Man muss sich vergegenwärtigen: Sachlich und fachlich angemessene Ausdrucksweisen sind hilfreich für die Verständigung zwischen Experten, und dafür sind sie auch gemacht. Sie sind deshalb Ergebnis von Lernprozessen – aber nur begrenzt hilfreich dafür, einen Inhalt, eine Sache erstmals zu begreifen.

Alltags- und bildungssprachliche Ausdrucksweisen sind auf einem Kontinuum angesiedelt und keineswegs vollständig trennscharf. Je höher der Grad des Formellen in einer Kommunikationssituation, desto mehr wird die Ausdrucksweise bildungssprachlich sein; informelle Kommunikation hingegen wird – auch im Unterrichts- oder Schulkontext – eher alltagssprachlich ausfallen. Im Folgenden werden einige lexikalisch-semantische und syntaktische Merkmale des Deutschen vorgestellt, die für bildungssprachliche Verständigungsweisen charakteristisch sind und Schüler(inne)n das Verstehen von Fach-(Texten) oder das Lösen von Aufgaben erheblich erschweren können.

Tabelle 2: Merkmale von Bildungssprache nach Riebling 2013 und Martens 2014

Nominalisierungen (Verben werden zu Substantiven)	erzeugen → die Erzeugung; steigen → die Steigung; außer Acht lassen → bei Außerachtlassung
Komposita (zusammengesetzte Wörter)	Wein|berg|schnecke; Winkel|messer; Tief|see, Meeres|höhe, dünn|häutig, Durch|schnitt
Präfixverben (Verben mit Vorsilben)	**trennbar:** **an**geben, **ab**geben, **auf**nehmen → *Ich **gebe** den Ball **ab**.*
	untrennbar: **er**härten, **be**suchen, **er**hitzen → *Der Verdacht hat sich **erhärtet**.*
Suffixverben und -adjektive (Verben und Adjektive mit Nachsilben)	teil**bar**, lös**lich**, sorg**sam**, geschäft**ig**, kräftig**en**
unpersönliche Ausdrücke	man, es lässt sich, dem Autor zufolge
Konnektoren	weil, während, obwohl
Verwendung des Genitivs (gerne in Kombination mit Nominalisierungen)	*bei Außerachtlassung dieser Bedingung*
Präpositionen mit Genitiv	anlässlich, wegen, anhand, mithilfe, anstelle → *Nimmt man anstelle eines Drahtes nun ein Stück Schnur …*
erweiterte Partizipial-Attribute	*die **nach oben offene** Richterskala; der **sich daraus ergebende** Schluss*
Passivkonstruktionen	*Welche Strecke muss zurückgelegt werden?*
Funktionsverbgefüge (feststehende Wortkombinationen)	*in Betrieb nehmen; sich einer Prüfung unterziehen; in Kraft treten*

Bisher gibt es im deutschsprachigen Raum nur wenige Untersuchungen und Publikationen dazu, welche sprachlichen Mittel in welchen Fächern oder Bereichen des Unterrichts oft vorkommen oder eine besondere Rolle spielen. Einen guten ersten Überblick über sprachliche Besonderheiten in den unterschiedlichen Fächergruppen bieten Kapitel 4 des Buches *Sprachbildung in allen Fächern* (Beese et al. 2014) und das Kapitel „Praxisbeispiele: Sprachförderung in allen Fächern“ in Weis (2013).

Hilfreich:

- Einen Überblick über die sprachlichen Besonderheiten der deutschen Sprache im Allgemeinen und der Fachsprache im Besonderen finden Sie beispielsweise in: *DaZ im Fachunterricht. Sprachbarrieren überwinden – Schüler erreichen und fördern* (Weis 2013, S. 13–42).
- Informationen und Beispiele zu Stolpersteinen der deutschen Sprache und wie man mit diesen im Unterricht umgehen kann, finden sich in: *Fortbildungen zur Durchgängigen Sprachbildung. Stolpersteine der deutschen Sprache* (Martens 2014) unter: http://tinyurl.com/pqj5mh7.
- Eine Liste mit sprachlichen Wendungen, die das Aufgabenverständnis im Fach Mathematik erschweren, finden Sie in: *Praxisbaustein Deutsch als Zweitsprache 2: Bildungssprache und sprachsensibler Fachunterricht* (Regionale Arbeitsstelle für Bildung, Integration und Demokratie (RAA) Mecklenburg-Vorpommern e.V. 2012): http://tinyurl.com/qhn3l8n.

B 2.1 Sprachsensible Unterrichtsplanung

QM 1: *Lehrkräfte analysieren die sprachlichen Anforderungen des Unterrichts.*

Damit Unterricht sprachförderlich (um)gestaltet werden kann, ist es notwendig, zunächst die sprachlichen Anforderungen der geplanten Unterrichtsstunden zu analysieren und mit den Vorkenntnissen der Schüler(innen) abzugleichen (Bedarfs- und Lern-/Sprachstandsanalyse).

Dazu gehört, dass das Unterrichtsmaterial (Texte, Arbeitsblätter, Aufgabenstellungen etc.) im Hinblick auf mögliche sprachliche Stolpersteine überprüft wird. Wichtig ist, dass der Unterricht nicht dauerhaft sprachlich vereinfacht oder ‚entlastet' werden soll. Dies kann zwar zeitweilig hilfreich sein, wenn es beispielsweise darum geht, dass neue fachliche Inhalte verstanden werden. Generell ist das Ziel eines sprachbildenden Unterrichts jedoch, die Schüler(innen) dazu zu befähigen, (sprachliche) Anforderungen zu meistern, die sie ohne systematische Anleitung nicht bewältigen könnten. Für aktive gesellschaftliche Teilhabe – die ja ein wichtiges Ziel von Bildung ist – ist es unerlässlich, sich in der komplexen Welt der Schrift so frei wie möglich bewegen zu können.

Diese Ziele sind zum Teil durch kleine, einfache Schritte zu erreichen. So kann es zum Beispiel sinnvoll sein, Arbeitsmaterial um Hilfen (Scaffolds) zu ergänzen. Wenn eine Aufgabenstellung beispielsweise trennbare Verben, wie *‚gib ... an'* (*angeben*), *‚finde ... heraus'* (*herausfinden*) oder Imperative (Befehlsformen) enthält, die von der Grundform abweichen (*messen* → *miss*), kann es sinnvoll sein, die Grundform des Verbs mit anzugeben, damit die Schüler(innen), die Verstehensschwierigkeiten haben, die Chance bekommen, sinnvoll im Wörterbuch nachzuschlagen.

Ein anderes Beispiel für einfache alltäglich Routinen: Bei der Einführung neuer (Fach-)Begriffe ist es für die Schüler(innen) hilfreich, wenn immer der Artikel und die Pluralform mit angegeben werden. Auch kann es sinnvoll sein, Visualisierungshilfen anzubieten und diese – je nach Bedarf – mit Vokabular zu versehen. Dies kann die Textrezeption (vgl. *B 3. Aufgabenstellungen verstehen*), aber auch die Textproduktion (vgl. *B 4. Sprachproduktion – schriftlich und mündlich*) erleichtern.

Hilfreich:

- Hilfreich für die Formulierung sprachlicher Lernziele ist der *Planungsrahmen zur sprachsensiblen Unterrichtsplanung* von Tanja Tajmel. Zu finden mit Beispielen aus dem Mathematikunterricht zum Beispiel in *Praxisbaustein Deutsch als Zweitsprache 2: Bildungssprache und sprachsensibler Fachunterricht* (Regionale Arbeitsstelle für Bildung, Integration und Demokratie (RAA) Mecklenburg-Vorpommern e.V. 2012, S. 58): http://tinyurl.com/qhn3l8n.
- Im oben genannten Heft der RAA Mecklenburg-Vorpommern finden Sie ebenfalls von Tanja Tajmel einen kurzen Artikel zu der Frage ‚Wie sprachsensibler Unterricht vorbereitet werden kann' (Tajmel 2012).
- Ausführlichere Informationen und Beispiele zur Arbeit mit einem Planungsrahmen finden Sie außerdem in: *Wege zur Bildungssprache im Sachunterricht* (Quehl und Trapp 2015).
- Eine *Checkliste zum sprachsensiblen Fachunterricht* (Thürmann und Vollmer 2011), die auch für die Planung des Unterrichts hilfreich sein kann, finden Sie unter: http://tinyurl.com/nm4rfuc.

B 2.2 Verbindung zwischen Alltags- und Bildungssprache

QM 1:
Lehrkräfte stellen explizit die Verbindung zwischen den Registern her.

Eine im Unterricht häufig verwendete Strategie zur Erschließung von Texten und Aufgabenstellungen ist es, die Schüler(innen) nach ihnen ‚unbekannten' Wörtern zu fragen. Anhand des folgenden Beispiels aus dem Deutschunterricht in einer zehnten Klasse wird deutlich, dass dieses Vorgehen zu Missverständnissen führen kann und nicht notwendigerweise zu sprachlichem Lernen führt. Eine Lehrerin berichtete über ein ‚Aha-Erlebnis' aus dem Unterricht:

> In Klasse zehn im Deutschunterricht gab es eine Geschichte. Darin kam vor: „Er war wütend und warf den Hörer auf die Gabel." Wir haben die Schülerinnen und Schüler gefragt, ob sie verstanden haben, was da gesagt wurde. Alle sagten: Ja, natürlich, die Wörter kennen wir alle." Dann haben wir gefragt, *was* sie verstanden haben. Und bis auf drei hatten alle dieses Bild: Er nimmt den Hörer, irgendwo auf dem Tisch liegt eine Gabel, und er wirft diesen Hörer auf die Gabel […]. (zit. nach Lange und Gogolin 2010, S. 10, Hervorh. G./B.)

In der Erfahrungswelt vieler Schüler(innen) kommt ein Telefon mit Hörer und Gabel nicht mehr vor (vgl. Lange und Gogolin 2010, S. 10). Ein Telefonhörer und eine Gabel (Besteck) sind ihnen aber sehr wohl bekannt. Sie übertrugen folglich die ihnen bekannten Konzepte auf die Redewendung und haben eine Vorstellung, die nicht der der Lehrerin entsprach. Die Frage nach ‚unbekannten' Wörtern entlarvt diesen Trugschluss nicht: Die Wörter sind ja bekannt; dass die Schüler(innen) ihnen eine andere Bedeutung beimessen als die Lehrerin,

Abbildung 4: Hörer und Gabel
© N. Pasqualino 2015

kann nur dann zum Vorschein kommen, wenn nach der Bedeutung gefragt wird – nicht aber, wenn unspezifisch nach Verstehen gefragt wird (vgl. LANGE und GOGOLIN 2010, S. 10).

Alltagssprachliche Begriffe wie Kraft oder Strecke haben eine andere fachsprachliche Bedeutung.

Mehrfachbedeutungen von Wörtern kommen in der Schule vielfach vor. Häufig haben Begriffe umgangssprachlich eine andere Bedeutung als im fachlichen Kontext. Man denke an das Wort *Puppe*: Das alltagssprachliche Spielzeug wird im naturwissenschaftlichen Unterricht zu einer Insektenlarve, die in einer Hülle steckt (WEIS 2013, S. 23–24). Ähnlich verhält es sich mit *Strecke* und *Seite* in der Mathematik oder *Kraft* und *Energie* im Physikunterricht. In fachsprachlichem Gebrauch stecken hinter diesen Wörtern theoretische Konzepte und Bedeutungen, die mehr oder weniger stark von den alltagserfahrungsbasierten Vorstellungen der Schüler(innen) abweichen.

In unserem Video werden als Beispiel die für die Unterrichtseinheit zentralen Begriffe *Punkt, Strahl, Gerade* und *Strecke* für den Einstieg in das Thema genutzt. Die Lehrerin verwendet die Begriffe zunächst in ihrer alltagssprachlichen Bedeutung, zum Beispiel „Stören Dich die Strahlen der Sonne?“. Im Anschluss daran erarbeiten die Schüler(innen) anhand des ‚Geometrischen Wörterbuches‘ die mathematische Bedeutung dieser Begriffe (vgl. auch Kapitel C). Ziel des Lernprozesses ist eine Veränderung des Verständnisses (‚conceptual change‘): Die Schüler(innen) sollen lernen, in welchem Kontext (Alltag vs. Fachunterricht) welches Konzept, und damit: welcher Begriff angemessen ist (vgl. MÖLLER 2007). In einer späteren Gruppenarbeitsphase wird das unterschiedliche Verständnis der Begriffe geübt und gesichert.

B 2.3 Klare Rahmung, Explizitheit

In der empirischen Unterrichtsforschung werden ‚Klarheit und Strukturiertheit‘ immer wieder als Faktoren identifiziert, die einen besonders großen Einfluss auf die Leistungen von Schüler(inne)n haben (vgl. u.a. HATTIE 2009; HELMKE 2009; DITTON 2000). ‚Klarheit und Strukturiertheit‘ beziehen sich auf verschiedene Bereiche des Unterrichts (vgl. HELMKE 2009, S. 191–200):

- *Klarheit* bezieht sich beispielsweise auf die (akustische) Verständlichkeit der Sprache der Lehrkraft (Stichwort: Lehrperson als sprachliches Vorbild).
- *Struktur* ergibt sich zum Beispiel durch die Offenlegung von Unterrichts- und Lernzielen, durch transparente Leistungserwartungen, die Aktivierung von Vorwissen, das Zur-Verfügung-Stellen von Lernhilfen in der Form von ‚Advance Organizers‘.
- *Kohärenz* entsteht beispielsweise durch die folgerichtige Planung von Unterrichtsabschnitten, das erkennbare Vorhandensein eines roten Fadens.

Archer und Hughes (2011) fassen diese Merkmale auch unter dem Begriff ‚explicit instruction' zusammen. Es lässt sich festhalten, dass Unterricht, in dem Lerninhalte, Lernintentionen und Erfolgskriterien explizit gemacht werden, besonders erfolgsversprechend ist. Dies gilt insbesondere, aber keineswegs nur für Fächer wie Mathematik oder Physik (Helmke 2009).

Die dargestellten Forschungsergebnisse beziehen sich auf alle Schülerinnen und Schüler, unabhängig davon, ob sie mehrsprachig aufwachsen oder nicht. Bekannt ist jedoch, dass fehlende Explizitheit insbesondere für Schüler(innen) mit ungünstigen Lernvoraussetzungen, zu denen Kinder und Jugendliche mit Migrationshintergrund häufig zählen, eine gravierende Lernbarriere darstellt (Campbell et al. 2004). Kindern aus privilegierten Elternhäusern gelingt es leichter, sich eine hinter dem Unterricht stehende Struktur zu rekonstruieren, auch wenn sie nicht offengelegt wird.

Ein ‚roter Faden', eine klare Struktur im Unterricht ist für benachteiligte Kinder besonders wichtig. Dazu zählt auch, dass Lehrkräfte deutlich machen, dass es Unterschiede zwischen sprachlichen und sachlichen Anforderungen gibt, und dass sie die Schüler(innen) darüber informieren, welcher der beiden Bereiche im aktuellen Unterrichtsabschnitt im Vordergrund steht.

Lehrkräfte geben den Schüler(inne)n sprachliche und inhaltliche Lernziele schriftlich bekannt.

Es hat sich bewährt, sowohl die sprachlichen als auch die inhaltlichen Ziele nicht nur (mündlich) bekanntzugeben, sondern zusätzlich, zum Beispiel durch einen Tafelanschrieb, präsent zu halten (dies ist ein Beispiel für einen ‚Advance Organizer').

B 3 Aufgabenstellungen verstehen

Verschiedene Studien haben gezeigt, dass Schülerinnen und Schüler häufig nicht an den fachlichen, sondern an den sprachlichen Anforderungen in Aufgabenstellungen scheitern (vgl. Gogolin et al. 2004; Knapp 2007). Diese Beobachtung machten auch viele Lehrerinnen und Lehrer, die am FörMig-Transferprojekt beteiligt waren:

Oft scheitern Schüler(innen) an den sprachlichen Anforderungen in Aufgabenstellungen.

> Sie müssen wissen, was die Aufgabenstellung ist. Es ist ja ein Unterschied, ob man die Aufgabe nicht lösen kann oder ob man sie nicht versteht. (S. Baran, STS Wilhelmsburg)

Insbesondere dann, wenn in den Texten, die die Aufgabenstellungen enthalten, sprachliche Verdichtungstechniken verwendet werden (Nominalisierungen, Komposita, Genitivverwendung, erweiterte Partizipial-Attribute etc.), ist es wenig sinnvoll, Schüler(innen) den Text oder die Aufgabe zusammenfassen zu lassen. Dies ist besonders häufig in naturwissenschaftlichen und mathematischen Texten der Fall (vgl. auch Kapitel B 3.2 Erschließen von Textaufgaben). In solchen Fällen bietet es sich an, dass die Schüler(innen) für ein besseres Verständnis die Texte umformulieren und in Alltagssprache übersetzen. Die Reformulierung von Texten und Aufgaben kann nicht nur bei komplexen Satzkonstruktionen, sondern auch im Hinblick auf die sogenannten ‚Operatoren' hilfreich sein.

B 3.1 Operatoren

QM 3: *Die Lehrkräfte vermitteln und üben die Bedeutung der einzelnen Operatoren sach- und kontextbezogen.*

In Aufgabenstellungen wird eine Vielzahl unterschiedlicher sogenannter Operatoren (*begründen, beschreiben* etc.) verwendet, die je nach Fach unterschiedliche Sprachhandlungen erfordern. Man denke an den Operator *skizzieren*: Wenn eine Deutschlehrkraft diese Aufgabe stellt, erwartet sie sicherlich nicht, dass die Schüler(innen) eine grobe Zeichnung anfertigen. Dies wäre im Mathematikunterricht jedoch angemessen und richtig.

Schüler(innen) müssen lernen, dass Operatoren in verschiedenen Fächern unterschiedliche Bedeutungen haben. Dabei bedürfen sie der Unterstützung durch die Lehrpersonen.

> Dass sie die falsche Zeitform verwenden, wenn sie übers Wochenende reden, oder den falschen Artikel, das ist eine Sache. Aber eine andere Sache ist es, Aufgaben nicht verstehen zu können. [...] Wenn sie nicht wissen, was *vergleichen* ist [...], nämlich dass man Unterschiede **und** Gemeinsamkeiten herausfinden muss, dann können sie niemals die volle Punktzahl erreichen. (S. Baran, STS Wilhelmsburg)

Wichtig ist, dass die Operatoren in Aufgabenstellungen eindeutig und wiederkehrend benutzt werden, damit die Schülerinnen und Schüler wissen, welche gedanklichen und sprachlichen Leistungen sie erbringen sollen (Thürmann und Vollmer 2012). Dazu gehört auch, sich als Lehrkraft zunächst selbst zu vergegenwärtigen, was erwartet wird, wenn die Schüler(innen) beispielsweise im Geografieunterricht eine Karte ‚beschreiben' sollen. Eine im Kunstunterricht vielleicht passende Bildbeschreibung à la „oben grün, unten braun, der Hintergrund weiß" ist vermutlich nicht das, was in diesem Fall zum Erfolg führt.

Es hat sich als hilfreich erwiesen, sich auf eine begrenzte Anzahl von Operatoren zu beschränken. Thürmann und Vollmer 2012) empfehlen, höchstens zwölf unterschiedliche Operatoren zu verwenden und diese mit den Schüler(inne)n explizit zu besprechen, indem sie beispielsweise Aufgabenstellungen in der Allgemeinsprache reformulieren: „Was muss ich tun, wenn ich etwas vergleichen soll?"

Um den Schüler(inne)n den Umgang mit den Operatoren zu erleichtern, wurde im Rahmen des Hamburger FörMig-Transferprojektes „Übergang Grundschule Sekundarstufe" ein ‚Operatorenplakat' entwickelt. Die am Projekt beteiligten Lehrerinnen haben zunächst die Hamburger Bildungspläne daraufhin untersucht, welche Operatoren (bezogen auf das jeweilige Fach und die Klassenstufen 4, 5 und 6) häufig oder weniger häufig vorkommen. Am Ende einigte man sich auf insgesamt neun Operatoren, die auf einem Plakat abgebildet wurden (vgl. Abbildung 5).

> Die Teams Mathe, Deutsch, Gesellschaft [...] haben sich hingesetzt und haben für die Grundschule und die Sekundarstufe in den Rahmenplänen geschaut, welche Operatoren kommen denn häufig vor, welche brauchen wir denn, was ist denn wichtig. Müssen die Kinder beschreiben und begründen oder skizzieren. (S. Stranc, STS Wilhelmsburg)

Zu jedem Operator gehört einerseits eine alltagssprachlich formulierte Erklärung, aus der hervorgeht, was von den Schüler(inne)n erwartet wird, wenn sie diesem Operator begegnen. Andererseits enthält das Plakat Piktogramme, die zusätzlich zeigen, was zu tun ist (mehrkanaliges Lernen).

Bei der Entwicklung der Piktogramme war den Kolleginnen wichtig, dass sie einfach zu zeichnen sind und einen hohen Wiedererkennungswert haben. Deshalb baten sie Schülerinnen und Schüler um Feedback und ließen die Entwürfe dann mit den von FörMig-Transfer zur Verfügung gestellten Sachmitteln von einer Grafikerin professionell überarbeiten. Die fertiggestellten Poster hängen im A1-Format an den Wänden der Klassenräume. Zusätzlich erhalten die Schüler(innen) das Plakat kleinformatig für ihre Mappen.

Abbildung 5: Operatorenplakat STS Wilhelmsburg

Doch was nützt ein hübsches Plakat, wenn die Schüler(innen) und Kolleg(inn)en nicht damit umzugehen wissen? Dieser Problematik bewusst, konzipierten und erprobten die Mitglieder des Entwicklungsteams zwei- bis vierstündige Unterrichtseinheiten zur Einführung der Operatoren. Während diese für die Grundschulabteilung im Rahmen des DaZ-Unterrichts abgehalten werden sollen, bietet sich für die Klassen 5 und 6 das an der Schule bestehende Fach BV (Besondere Vorhaben), in dem Methodenkompetenzen vermittelt werden sollen, für die Durchführung der Unterrichtseinheit an.

Hilfreich:

- Ausführlichere Informationen zur Arbeit mit Operatoren an der STS Wilhelmsburg (inklusive Kopiervorlagen) erhalten Sie in der Broschüre *FörMig-Transfer Hamburg Grundschule – Sek. I* (Landesinstitut für Lehrerbildung und Schulentwicklung 2014, S. 6–17) unter: http://tinyurl.com/hf77fau.
- Eine Liste mit Arbeitsaufträgen (Operatoren) inklusive einer Erklärung und eines Beispiels aus dem Mathematikunterricht findet sich im *DaZ Praxisbaustein 2: Bildungssprache und sprachsensibler Fachunterricht* (Regionale Arbeitsstelle für Bildung, Integration und Demokratie (RAA) Mecklenburg-Vorpommern e.V. 2012, S. 45–48): http://tinyurl.com/qhn3l8n.
- Die Broschüre *Durchgängige Sprachbildung am Beispiel der Operatoren* (Dreke und Mitterhuber 2012) ist eine Methodensammlung mit verschiedenen Aktivitäten (inklusive didaktischer Kommentare und Kopiervorlagen) zur Einführung und Übung von Operatoren in verschiedenen Jahrgangsstufen: http://tinyurl.com/grxep7c.

B 3.2 Erschließen von Textaufgaben

Nicht nur von Schülerinnen und Schülern, die Deutsch als Zweitsprache lernen, werden beispielsweise mathematische Sachaufgaben häufig als schwierig empfunden. Dies hat verschiedene Ursachen. Neben mathematischen Hürden, die den Modellierungsprozess betreffen (zum Beispiel beim Bilden eines Situationsmodells), kann bereits ein mangelndes Textverständnis das erfolgreiche Lösen dieser Aufgaben verhindern (vgl. Prediger 2013; Krägeloh und Prediger 2015).

In der Mathematik sind es häufig nicht so sehr die mathematischen Fachbegriffe wie *multiplizieren, Faktor* etc., die das Textverständnis erschweren. Teilweise verursachen vielmehr unbekannte Wörter aus dem Kontext der Sachaufgabe Schwierigkeiten (Prediger 2013). In unserem Video ist ein Beispiel dafür zu sehen: Einem Großteil der Schüler(innen) einer neunten Klasse ist das Wort *Giebel* nicht bekannt. Im gezeigten mathematischen Zusammenhang (Bruchrechnung) ist dies für die Lösung der Aufgabe zwar nicht bedeutsam, kann sich aber als Störung in den Verstehensprozess hineindrängen. In einer Geometriestunde, in der die Fläche eines Giebels berechnet werden soll, wäre es noch folgenschwerer, nicht zu wissen, wie die Form des Giebels beschaffen ist.

Über die Ebene des Einzelworts hinaus spielt die textliche Form der Mathematikaufgaben eine Rolle für das Verstehen. In diesem Fach sind beispielsweise Präpositionen und andere Strukturwörter wichtig, da diese für das Erschließen mathematischer Beziehungen entscheidend sind (Prediger 2013). So regelt sich zum Beispiel über ‚unter', ‚während' und ‚über' in der folgenden Aufgabe das, was berechnet werden soll:

> Im Salzbergwerk Bad Friedrichshall wird Steinsalz abgebaut. Das Salz lagert 40 m unter Meereshöhe, während Bad Friedrichshall 155 m über Meereshöhe liegt. Welche Strecke legt der Förderkorb zurück? (mathe live, 7. Schuljahr, 2000, S. 19)

QM 3: *Schüler(innen) reformulieren Aufgaben in der Allgemeinsprache.*

Auch die (mehrfache) Verschachtelung von Sätzen und das Vorkommen erweiterter Partizipial-Attribute können für Schülerinnen und Schüler erhebliche Verstehensbarrieren darstellen. Ein Beispiel für die hochgradige Verdichtung von Bedeutung durch solche Mittel ist folgende Aufgabe aus VERA 8: *Stelle eine Funktionsgleichung auf, die der verstrichenen Zeit das in der oberen Hälfte verbliebene Sandvolumen zuordnet.* Um derartig verdichtete Aufgaben zu entschlüsseln, sind Techniken erforderlich, die den Text erweitern.

‚Klassische' Lesestrategien aus der Lesedidaktik (vgl. zum Beispiel die 5-Schritt-Lesemethode in Kapitel D) haben sich für das Entschlüsseln von Sachaufgaben im Mathematikunterricht als ungeeignet erwiesen. Insbesondere Techniken wie ‚Zusammenfassen und Schlüsselwörter finden', die sich für längere Texte eignen, funktionieren bei Sachaufgaben aufgrund ihrer hohen Verdichtung meist nicht (vgl. Krägeloh und Prediger 2015). Diese Erfahrung haben auch Mathematiklehrer(innen) in den FörMig-Transferprojekten gemacht:

> Ich habe versucht, eine Leseanleitung für den Matheunterricht zu überlegen, weil Methoden wie die 5-Schritt-Lesemethode oder der Lesenavigator, das ist eigentlich mehr für den Deutschunterricht passend. (U. Jäger, Robert-Blum-Schule)

Im Rahmen von FörMig-Transfer Berlin wurde ein ‚Textknacker' entwickelt, der sich speziell auf mathematische Sachaufgaben richtet. Die einzelnen Schritte sind dabei wie folgt:
1. Text überfliegen – Überblick verschaffen
2. Was wird gefragt? – Was will ich wissen?
3. Unbekannte Wörter markieren und klären
4. Wesentliche Angaben unterstreichen
5. Text in eine mathematische Form übersetzen
6. Die Aufgabe lösen
7. Kontrolle/Probe durchführen (kann das Ergebnis sein?)

Vielfach beklagen Lehrkräfte, dass Aufgaben in Lehrwerken (oder auch Tests) unangemessen formuliert sind. Gewiss wäre es wünschenswert, wenn Sachtexte und Aufgaben nicht nur der Sache nach, sondern auch sprachlich bewusst konstruiert und auf ihre Angemessenheit überprüft würden. Zugleich aber gehört es zu den Aufgaben des Unterrichts, dass Schülerinnen und Schüler lernen, textliche Herausforderungen zu meistern – auch dann, wenn es sich um schlechte Texte handeln sollte.

Hilfreich:
- Übungsvorschläge für das ‚Knacken' von Textaufgaben finden Sie in der Handreichung *Mit der Sprache muss man rechnen – mit den Wörtern auch* (Dörsam und Portner 2013): http://tinyurl.com/hdspjyu.
- Ein erweitertes Modell für einen Textaufgabenknacker, in dem das Erschließen von Sachaufgaben durch Scaffolding-Strategien unterstützt wird, finden Sie im Artikel ‚Der Textaufgabenknacker' (Krägeloh und Prediger 2015) unter: http://tinyurl.com/zssncl3.
- Damit Schüler(innen) Sachaufgaben besser verstehen, kann es hilfreich sein, sie selbst Textaufgaben schreiben zu lassen. Anregungen dazu inklusive einer Checkliste für gute Sachaufgaben finden Sie im Beitrag von Stephany et al. (2012, S. 18–23) in der Zeitschrift *Praxis Mathematik in der Schule (45)*.

B 3.3 Visualisierung

QM 3: *Die Lehrkräfte unterstützen die Sprachproduktion durch Visualisierungen.*

Um den Schülerinnen und Schülern das Verständnis von Sachaufgaben zu erleichtern, aber auch, um die Sprachproduktion zu unterstützen, kann es hilfreich sein, Texte durch Visualisierungen (Schrift, Schaubilder, Grafiken, szenische Darstellung) zu ergänzen. Bei dem Beispiel des Giebels in Kapitel B 3.2 hätte die Zeichnung eines Hauses mit Beschriftung weiterhelfen können.

Ein Darstellungswechsel (zum Beispiel schriftlich – grafisch) kann also zur sprachlichen Entlastung genutzt werden. Weil aber die Vernetzungen zwischen den Darstellungen gerade für schwächere Lernende eine Her-

Den Umgang mit Darstellungen müssen Schüler(innen) lernen.

ausforderung darstellen, muss der Umgang mit Darstellungen eigens gelernt werden (Prediger und Wessel 2012): Nur weil ein Bild neben einer Textaufgabe abgedruckt ist, können wir nicht davon ausgehen, dass die Schüler(innen) ohne Weiteres einen sinnvollen Zusammenhang zwischen beiden herstellen. Dies gilt zumal, da Bilddarstellungen – etwa in Lehrbüchern – häufig eher illustrative Zwecke erfüllen als informative. Bilder, die unrealistisch sind oder nicht zum Text passen, können sogar negative Effekte auf das Lernen haben (Niehaus et al. 2011, S. 73).

B 4 Sprachproduktion – mündlich und schriftlich

Schülerinnen und Schüler benötigen nicht nur beim Entschlüsseln von Aufgabenstellungen und Texten, die sprachliche Stolpersteine enthalten, Unterstützung. Sie müssen auch auf den Weg gebracht werden, selbst (mündlich oder schriftlich) Texte zu produzieren, die den jeweils gestellten Anforderungen entsprechen. Dies kann nur gelingen, wenn Lehrpersonen gezielt fachliches *und* sprachliches Lernen fördern, denn Schüler(innen) müssen lernen, dass Textsorten und Sprachhandlungen bestimmten Konventionen folgen: Eine Versuchsbeschreibung läuft beispielsweise immer nach einem festgelegten Schema ab (Fragestellung, Hypothese, Material, Versuchsaufbau etc.), die Einleitung einer Inhaltsangabe enthält immer den Titel des Werkes, den vollständigen Namen des Autors, die Textsorte (Drama, Gedicht, Roman, ...) usw. Die Fähigkeit, Texte zu organisieren und zu planen, muss mit den Schüler(inne)n entwickelt und geübt werden (vgl. Weis 2013, S. 91).

B 4.1 Zu sprachlicher Präzisierung führen (mündlich)

QM 3: *Lehrkräfte fördern die Textsortenkompetenz der Schüler(innen). Sie führen zur sprachlichen Präzisierung.*

Die Textsortenkompetenz der Schüler(innen) kann gefördert werden, indem die Lehrkräfte sie kontinuierlich auf diese Anforderung aufmerksam machen und mit ihnen die jeweils fachspezifischen Textsorten (zum Beispiel die Beschreibung einer Dreieckskonstruktion) einüben. Dabei hat es sich als hilfreich erwiesen, auf eine sprachliche Metaebene zu wechseln und mit den Schüler(inne)n explizit die Kriterien zu besprechen, die für den zu produzierenden Text gelten: „Worauf müssen wir achten, wenn wir etwas *beschreiben* wollen?“ Im Unterrichtsgespräch können die Lehrkräfte das Sprechen der Schüler(innen) dadurch unterstützen, dass sie sie ermutigen umzuformulieren und nachzufragen:

> Die Schüler kennen das ganz oft von mir, dass ich sage: „Das war inhaltlich schon richtig, da hast Du es erfasst, aber formuliere besser. Versuche Fachbegriffe auch zu verwenden. [...] Mittlerweile sind sie selbst schon auf einem Stand, wo sie selbst ganz viel Wert darauf legen, dass es angemessen, professioneller klingt. (S. Leitzke, Schulcampus Rostock-Evershagen)

Wichtig ist, dass die Schüler(innen) viel Zeit erhalten, um sich zu äußern, zu reformulieren und sich zunehmend bildungssprachlich auszudrücken. Dies mag auf den ersten Blick banal erscheinen, ist aber nicht selbstverständlich: Im Rahmen der DESI-Untersuchung (Deutsch-Englisch-Schülerleistungen-International) und auch der TIMMS-Videostudie wurde gezeigt, dass der Sprechanteil der Lehrenden durchschnittlich 70 % der Unterrichtszeit ausmacht. Dementsprechend teilen sich 20–25 Schüler(innen) 30 % der Redezeit, was in einer 45-minütigen Stunde pro Schüler(in) rund 30 Sekunden Sprechzeit bedeutet (vgl. Brüning und Saum 2011). Andere Studien, die sich mit dem Frageverhalten von Lehrkräften beschäftigen, belegen zudem, dass Lehrpersonen nach dem Stellen einer Frage in der Regel nur eine (!) Sekunde warten, bis ein(e) Schüler(in) aufgerufen wird (vgl. z.B. Borich 2007; Walsh und Sattes 2005; Cotton 2001). Diese Zeit ist – insbesondere, aber nicht nur für Zweitsprachenlernende – viel zu kurz, wenn es darum geht, eine ‚echte', also komplexere Frage zu verstehen, sich die richtigen Worte zurechtzulegen und sich zur Antwort zu melden.

QM3:
Lehrkräfte geben Äußerungen von Schüler(inne)n viel Raum.

Um Schüler(innen) zum Produzieren von umfangreicheren (bildungssprachlichen) Äußerungen zu motivieren, ist es außerdem erforderlich, ihnen Aufgaben zu stellen, die genau dies herausfordern. Als besonders gutes Beispiel hat sich für den Mathematikunterricht im Rahmen von FörMig-Transfer die Übung erwiesen, dass Schüler(innen) etwas beschreiben und die Lehrkraft die beschriebene Handlung ausführt. Ein Beispiel aus dem Geometrieunterricht: Die Schüler(innen) mussten der Lehrerin ganz genau beschreiben, wie ein Dreieck konstruiert wird. Die Lehrerin führt an der Tafel genau das aus, was die Schüler(innen) sagen. Wenn unpräzise formuliert wird, wird dies sofort deutlich, und die Lernenden sind gewissermaßen dazu gezwungen, andere, genauere Formulierungen zu finden. Zugleich machen sie die Erfahrung, dass es sinnvoll ist, sich präzise auszudrücken – es handelt sich nicht bloß um eine Übung ‚für die Schule'. Ein Beispiel für diese Vorgehensweise beim Konstruieren eines Dreiecks finden Sie auf der DVD auch unter *Extras: Mathe – (Langversion)*.

Hilfreich:
Eine genaue Beschreibung einer derartig gestalteten Unterrichtsstunde (Lektionsentwurf, geplanter Stundenverlauf etc.) finden Sie in Regionale Arbeitsstelle für Bildung, Integration und Demokratie (RAA) Mecklenburg-Vorpommern e.V. 2012, S. 34–39): http://tinyurl.com/qhn3l8n.

B 4.2 Sprachliche Lernhilfen für die Textproduktion (schriftlich)

Um die Schüler(innen) beim Schreiben von fachlichen Texten zu unterstützen, ist es sinnvoll, ihnen – abhängig von ihrem Kenntnisstand – sprachliche Hilfestellungen anzubieten, wie zum Beispiel Wortlisten, Satzanfänge, Satzmuster oder Mustertexte. Schüler(inne)n mit unterschiedlichen Sprachkompetenzen können außerdem differenzierte Aufgabenstellungen zur Verfügung gestellt werden.

QM 3:
Lehrkräfte geben Formulierungshilfen und formulieren differenzierte Aufgabenstellungen.

Im Videoausschnitt können die Schüler(innen) – nach eigener Einschätzung ihrer Leistungsfähigkeit – zwischen drei sprachlich differenzierten Arbeitsblättern wählen (oder auch mehrere bearbeiten): Bei dem ersten Arbeitsblatt handelt es sich um einen Lückentext, bei dem die vorgegebenen Fachwörter eingesetzt werden müssen. Die zweite, etwas anspruchsvollere Version besteht aus vorgegebenen Fachbegriffen, die in einem frei geschriebenen Text verwendet werden sollen. Bei der dritten, schwierigsten Form des Arbeitsblattes sollen die Schüler(innen) eine Konstruktionsbeschreibung ohne jegliche sprachliche Hilfestellung anfertigen.

Eine Differenzierung in doppelter Hinsicht (sprachlich und fachlich) bringt einen nicht zu unterschätzenden Zeitaufwand für Vorbereitungen mit sich – der vielleicht nicht für jede Stunde leistbar ist. Insbesondere wenn es darum geht, dass die Schüler(innen) neue Konzepte und Lerninhalte verstehen müssen, die die Grundlage für kommenden Lernstoff bilden, ist diese Zeit jedoch gut investiert:

> Wenn es aber eine Stunde ist, die ein Knackpunkt ist, wenn es darum geht zu verstehen, wie man spiegelt [...] dann lohnt sich der Zeitaufwand [...]. Das bringt einfach Spaß zu sehen, okay jetzt können wir den nächsten Schritt machen – super die haben's verstanden. (S. Baran, STS Wilhelmsburg)

Die Erfahrung in FörMig hat im Übrigen gezeigt, dass der zu leistende Aufwand mit der Zeit geringer wird: Wenn man auf Material zurückgreifen kann und zunehmend über Erfahrung in der sprachsensiblen Unterrichtsplanung und -gestaltung verfügt, dann ist mit der Herstellung differenzierter Aufgaben und Hilfen kaum mehr Aufwand verbunden als für die gute Planung einer ‚normalen' Stunde.

B 4.3 Satzanfänge und Ideenkiste

Lehrkräfte stellen Modelltexte zur Verfügung, die die Schüler(innen) abwandeln können (z.B. generatives Schreiben).

Eine weitere Möglichkeit, die Sprachproduktion der Schülerinnen und Schüler zu unterstützen, ist, ihnen Modelltexte zur Verfügung zu stellen. Im Videoausschnitt aus dem Deutschunterricht einer 5. Klasse erhalten die Schüler(innen) beim Schreiben einer Geschichte die Möglichkeit, sich der sogenannten **Ideenkiste** zu bedienen:

> Das ist, wenn man keine Ideen hat, das ist so eine Kiste, da kann man ein paar Bilder oder einen Satz rausnehmen, wenn man das braucht. (Schüler 5. Klasse, STS Wilhelmsburg)

Die Ideenkiste enthält Bilder und Satzbausteine, die als Schreibimpuls dienen, wenn die Schüler(innen) zu Beginn oder während des Schreibprozesses ins Stocken geraten. Um den Schüler(inne)n die Textproduktion zu erleichtern, werden ihnen außerdem **Satzanfänge** zur Verfügung gestellt, die bei der Strukturierung des Textes helfen können. Sie sind auf einem Plakat an einer Wand des Klassenzimmers immer sichtbar. Bevor die Schüler(innen) mit dem Schreiben der Texte beginnen, werden alle Kriterien und Hilfsmöglichkeiten für die Textproduktion im Klassengespräch wiederholt.

Hilfreich:

- Ein Methodenrepertoire zum Thema ‚Sachtexte schreiben' finden Sie im *Handbuch Sprachförderung im Fach* (Leisen 2010, 2013).
- Beim Schreiben von Texten kann in allen Fächern und Schulstufen die sogenannte ‚Filmleiste' eingesetzt werden. Gute Erfahrungen wurden damit im Hamburger Projekt ‚FörMig-Transfer am Übergang von der Grund- zur Sekundarstufe 1' gemacht. Die Ergebnisse finden Sie unter: http://tinyurl.com/hf77fau.

B 5 Feedback

Prozessbezogenes Feedback und Leistungsbewertung sollten unterschieden werden.

Verschiedene Studien weisen darauf hin, dass gut durchdachtes, konstruktives Feedback ein wichtiges Merkmal von Unterrichtsqualität darstellt (Hattie 2014a, 2014b). Wichtig ist, sich zu vergegenwärtigen, dass lernbegleitendes Feedback nicht gleichzusetzen ist mit der Leistungsbewertung am Ende einer Unterrichtseinheit (durch Abfragen, Klassenarbeiten, Tests o.Ä.). Während Leistungsbewertung am Ende des Lernprozesses – summativ – ‚überprüft', ob bestimmte Kenntnisse oder Kompetenzen erworben wurden, zielt Feedback darauf ab, Schülerinnen und Schülern während des individuellen Lernprozesses – formativ – Rückmeldung über ihren Lernverlauf zu geben (vgl. Gold 2015).

Feedback kann auf sprachlicher fachlicher Ebene erfolgen – sowohl durch Lehrpersonen als auch durch die Schülerinnen und Schüler selbst. Damit Schüler(innen) lernen, auf die richtige und angemessene sprachliche Form zu achten und ihre Mitschüler(innen) – in unterstützender Weise – zu korrigieren, ist es nützlich, gemeinsam Feedbackkriterien zu entwickeln. Es ist für die Schüler(innen) hilfreich, wenn deutlich gemacht wird, auf welchen Bereich sich die Rückmeldung bezieht, beispielsweise: „Das war inhaltlich richtig! Prima! Jetzt versuchen wir mal, das Ganze noch professioneller auszudrücken".

Feedback kann sich außerdem auf den Lernprozess selbst beziehen. Im ersten Filmausschnitt zum Thema ‚Feedback' werden die Schüler(innen) gebeten, sich selbst in Bezug auf ihre Auswahl differenzierter Arbeitsblätter einzuschätzen: War die Aufgabe für mich zu schwierig oder zu leicht? Würde ich beim nächsten Mal eine andere Schwierigkeitsstufe wählen? Die Lehrerin erhält so einen schnellen Eindruck davon, ob die von ihr geplanten Aufgaben den Fähigkeiten der Schüler(innen) entsprachen, an welchen Stellen es zu Schwierigkeiten kam – oder auch: wo sie die Schüler(innen) unterschätzt hat:

> Das ist doch klasse, wenn das, was der Lehrer als am schwersten empfindet, für Euch noch zu leicht war. Dann heißt das, man kann noch ein bisschen mehr herausfordern. (S. Baran, Mathematik)

Oftmals erfolgt Feedback ausschließlich von der Lehrkraft an die Schüler(innen) oder unter Klassenkamerad(inn)en. Feedback von Schüler(inne)n an Lehrkräfte ist hingegen selten. Im beschriebenen Beispiel kann die Lehrerin die Selbsteinschätzungen der Schüler(innen) als Feedbackinformation zu ihrem eigenen Unterricht nutzen und diese für die Planung der folgenden Unterrichtssequenzen verwenden, indem sie beispielsweise noch schwierigere Aufgaben für die stärksten Schüler(innen) bereitstellt oder – wenn sie bemerkt, dass wichtige Inhalte noch nicht verstanden wurden – diese in der nächsten Stunde noch einmal wiederholt. Die konsequente Berücksichtigung dieser Art von Feedbackinformation bei der Planung von Unterricht ist, so HATTIE (2014a), für die Unterrichtswirksamkeit besonders bedeutsam.

Hilfreich:

- Verschiedene Artikel und Tipps zum Thema ‚Feedback im Unterricht' finden Sie in der *Zeitschrift für Pädagogik* 4/2014.
- Hilfreiche und praktische Hinweise für die Formulierung konstruktiver Rückmeldungen finden Sie in Veröffentlichungen zum dialogischen Lernen z.B. RUF et al. (2008): *Besser lernen im Dialog* und auf der Homepage http://www.lerndialoge.ch von Urs RUF und Peter GALLIN.

B 6 Weiteres sprachförderliches Unterrichtsmaterial

- Zahlreiche Hinweise zu Unterrichtmaterial finden Sie auf der Homepage des ehemaligen FÖRMIG-Kompetenzzentrum unter: http://tinyurl.com/jcyyphq.
- Einen von Peter GALLIN sprachförderlich gestalteten Unterrichtsvorschlag zum Thema *Kurvendiskussion*, der auch Prinzipien des dialogischen Lernens berücksichtigt, finden Sie unter: http://tinyurl.com/p5pqz4u.
- Materialien zu unterschiedlichen Bereichen durchgängiger Sprachbildung (auch für die Gestaltung von Unterricht) wurde im Rahmen von FÖRMIG-Berlin entwickelt. Zu finden sind diese unter: http://tinyurl.com/hgd24yg.
- Zahlreiche Handreichungen zu den Themen Deutsch als Zweitsprache und Sprachbildung im Fachunterricht finden Sie zum kostenlosen Download auf der Seite des Landesinstitutes für Lehrerbildung in Hamburg: http://tinyurl.com/zvn9992.
- Auch auf dem Bildungsserver Berlin-Brandenburg finden sich viele praxisbezogene Publikationen im Bereich Durchgängige Sprachbildung: http://tinyurl.com/ztmk237.
- Die Internetseite des Projekts *proDaZ – Deutsch als Zweitsprache in allen Fächern* – an der Universität Duisburg Essen bietet zahlreiche Hinweise auf Unterrichtsmaterial sowohl für die Grundschule als auch die Sekundarstufe: http://tinyurl.com/zbdae7s.
- Sprachsensibel gestaltetes Unterrichtsmaterial finden Sie außerdem auf der Homepage des österreichischen Sprachenkompetenzzentrums: www.sprachsensiblerfachunterricht.at.

Praktische Literatur

ARCHER, A.L.; HUGHES, C.A. (2011). Explicit instruction. Effective and efficient teaching. New York: Guilford Press (What works for special-needs learners).

BEESE, M.; BENHOLZ, C.; CHLOSTA, C.; GÜRSOY, E.; HINRICHS, B.; NIEDERHAUS, C.; OLESCHKO, S. (Hg.) (2014). Sprachbildung in allen Fächern. München: Klett-Langenscheidt (Deutsch Lehren Lernen, 16).

DÖRSAM, D.; PORTNER, H. (2013). Mit der Sprache muss man rechnen – mit den Wörtern auch. Eine Handreichung, die typische Stolpersteine – speziell bei Textaufgaben im Mathematikunterricht – deutlich macht und Strategien zu ihrer Vermeidung vorstellt. Hg. v. Senatsverwaltung für Bildung, Jugend und Wissenschaft Berlin. Berlin (Materialien zur Durchgängigen Sprachbildung). Online verfügbar unter http://tinyurl.com/hdspjyu, zuletzt geprüft am 04.01.2015.

DREKE, M.; MITTERHUBER, D. (2012). Durchgängige Sprachbildung am Beispiel der Operatoren. Methodensammlung mit 36 Aktivitäten – Grundschule bis Sekundarstufe. Hg. v. Landesinstitut für Lehrerbildung und Schulentwicklung. Hamburg. Online verfügbar unter http://tinyurl.com/grxep7c, zuletzt geprüft am 15.08.2015.

KRÄGELOH, N.; PREDIGER, S. (2015). Der Textaufgabenknacker. Ein Beispiel zur Spezifizierung und Förderung fachspezifischer Lese- und Verstehensstrategien. In: Der mathematische und naturwissenschaftliche Unterricht 68 (3), S. 138–144. Online verfügbar unter http://tinyurl.com/zssncl3, zuletzt geprüft am 22.12.2015.

LANDESINSTITUT FÜR LEHRERBILDUNG UND SCHULENTWICKLUNG (Hg.) (2014). FÖRMIG-Transfer Hamburg Grundschule – Sek. I. Beispiele für eine durchgängige Sprachbildung am Übergang von der Grundschule zur Sekundarstufe I. Online verfügbar unter http://tinyurl.com/hf77fau, zuletzt geprüft am 18.05.2015.

LANGE, I.; GOGOLIN, I. (2010). Durchgängige Sprachbildung. Eine Handreichung. Münster, New York, NY, München, Berlin: Waxmann (FÖRMIG-Material, Bd. 2).

LEISEN, J. (2010). Handbuch Sprachförderung im Fach. Sprachsensibler Fachunterricht in der Praxis. Bonn: Varus.

LEISEN, J. (2013). Handbuch Sprachförderung im Fach. Sprachsensibler Fachunterricht in der Praxis. Stuttgart: Klett.

MARTENS, L. (2014). Fortbildungen zur Durchgängigen Sprachbildung. Stolpersteine der deutschen Sprache. Hg. v. Senatsverwaltung für Bildung, Jugend und Wissenschaft Berlin. Berlin (Materialien zur Durchgängigen Sprachbildung). Online verfügbar unter http://tinyurl.com/pqj5mh7, zuletzt geprüft am 22.11.2015.

PREDIGER, S.; WESSEL, L. (2012). Darstellungen vernetzen. Ansatz zur integrierten Entwicklung von Konzepten und Sprachmitteln. In: Praxis der Mathematik in der Schule (45), S. 28–33. Online verfügbar unter http://tinyurl.com/zfq29vx, zuletzt geprüft am 30.12.2015.

QUEHL, T.; TRAPP, U. (2015). Wege zur Bildungssprache im Sachunterricht. Sprachbildung in der Grundschule auf der Basis von Planungsrahmen. Münster, New York, NY: Waxmann.

REGIONALE ARBEITSSTELLE FÜR BILDUNG, INTEGRATION UND DEMOKRATIE (RAA) MECKLENBURG-VORPOMMERN E.V. (2012). DaZ Praxisbaustein 2: Bildungssprache und sprachsensibler Fachunterricht. Online verfügbar unter http://tinyurl.com/qhn3l8n, zuletzt geprüft am 18.05.2015.

RUF, U.; KELLER, S.; WINTER, F. (Hg.) (2008). Besser lernen im Dialog, Seelze-Velber: Kallmeyer.

SENATSVERWALTUNG FÜR BILDUNG, JUGEND UND WISSENSCHAFT BERLIN (Hg.) (2013). Sprachsensibler Fachunterricht. Handreichung zur Wortschatzarbeit in den Jahrgangsstufen 5 bis 10 unter besonderer Berücksichtigung der Fachsprache. Online verfügbar unter http://tinyurl.com/z8odnwf, zuletzt geprüft am 04.01.2016.

STEPHANY, S.; LINNEMANN, M.; BECKER-MROTZEK, M. (2012). „Im Auquarium gibt's 20 Fische + 6 +10 +2". Schülerinnen und Schüler beim Schreiben von Sachaufgaben unterstützen. In: Praxis der Mathematik in der Schule (45), S. 18–23.

TAJMEL, T. (2012). Wie sprachsensibler Fachunterricht vorbereitet werden kann. Sprachliche Lernziele des naturwissenschaftlichen Unterrichts. In: Praxisbaustein Deutsch als Zweitsprache 2, S. 12–19. Online verfügbar unter http://tinyurl.com/qhn3l8n, zuletzt geprüft am 30.12.2015.

THÜRMANN, E.; VOLLMER, H.J. (2011). Checkliste zu sprachlichen Aspekten des Fachunterrichtes. Online verfügbar unter http://tinyurl.com/nm-4rfuc, zuletzt geprüft am 30.12.2015.

THÜRMANN, E.; VOLLMER, H.J. (2012). Checkliste zum sprachsensiblen Fachunterricht. In: Praxis der Mathematik in der Schule 54 (45), S. 10–12.

WEIS, I. (2013). DaZ im Fachunterricht. Sprachbarrieren überwinden – Schüler erreichen und fördern. Mülheim an der Ruhr: Verlag an der Ruhr.

Wissenschaftliche Literatur

BORICH, G.D. (2007). Effective teaching methods. Research-based practice. 6th ed. Upper Saddle River, N.J.: Pearson Merrill/Prentice Hall.

BRÜNING, L.; SAUM, T. (2011). Die Windstille vertreiben. SchülerInnenaktivierung im Unterricht. In: Neue Deutsche Schule (1), S. 16–17. Online verfügbar unter http://tinyurl.com/pxqcgk2, zuletzt geprüft am 30.12.2015.

CAMPBELL, J.; KYRIAKIDES, L.; MUIJS, D.; ROBINSON, W. (2004). Assessing teacher effectiveness. Developing a differentiated model. London, New York: Routledge Falmer.

COTTON, K. (2001). Classroom Questioning (School improvement). Online verfügbar unter http://tinyurl.com/zaovtxl, zuletzt geprüft am 29.12.2015.

DITTON, H. (2000). Qualitätskontrolle und Qualitätssicherung in Schule und Unterricht. Ein Überblick zum Stand der empirischen Forschung. In: A. HELMKE, W. HORNSTEIN und E. TERHART (Hg.): Qualität und Qualitätssicherung im Bildungsbereich; Schule, Sozialpädagogik, Hochschule. Weinheim: Beltz (Zeitschrift für Pädagogik, Beiheft 41), S. 73–92.

GIBBONS, P. (2006). Unterrichtsgespräche und das Erlernen neuer Register in der Zweitsprache. In: P. MECHERIL (Hg.): Die Macht der Sprachen. Englische Perspektiven auf die mehrsprachige Schule. Münster, München [u.a.]: Waxmann, S. 269–292.

GOGOLIN, I.; DIRIM, İ.; KLINGER, T.; LANGE, I.; LENGYEL, D.; MICHEL, U. et al. (Hg.) (2011). Förderung von Kindern und Jugendlichen mit Migrationshintergrund FörMig. Bilanz und Perspektiven eines Modellprogramms. Münster: Waxmann (FörMig Edition, 7).

Gogolin, I.; Kaiser, G.; Roth, H.-J.; Deseniss, A. Hawighorst, B.; Schwarz, I. (2004). Mathematiklernen im Kontext sprachlich-kultureller Diversität. Abschlussbericht (DFG Go 614/6). Hamburg. Online verfügbar unter http://tinyurl.com/zmzwbze, zuletzt geprüft am 20.12.2015.

Gold, A. (2015). Guter Unterricht: Was wir wirklich darüber wissen. Göttingen: Vandenhoeck & Ruprecht (Pädagogik).

Hattie, J.A.C. (2009). Visible Learning. A synthesis of over 800 meta-analyses relating to achievement. London und New York: Routledge.

Hattie, J.A.C. (2014a). Lernen sichtbar machen. Überarbeitete deutschsprachige Ausgabe von „Visible Learning". Besorgt von Wolfgang Beywl und Klaus Zierer. 2. korrigierte Ausgabe. Baltmannsweiler: Schneider Verlag Hohengehren.

Hattie, J.A.C. (2014b). Lernen sichtbar machen für Lehrpersonen. Überarbeitete deutschsprachige Ausgabe von „Visible Learning for Teachers". Besorgt von Wolfgang Beywl und Klaus Zierer. Baltmannsweiler: Schneider Verlag Hohengehren.

Helmke, A. (2009). Unterrichtsqualität und Lehrerprofessionalität. Diagnose, Evaluation und Verbesserung des Unterrichts. Seelze-Velber: Kallmeyer.

Knapp, W. (2007). Wie Kinder Begriffe erwerben und welche Annahmen Erwachsene darüber haben. In: R. Jost, W. Knapp und K. Metz (Hg.): Arbeit an Begriffen. Fachwissenschaftliche und fachdidaktische Aspekte. Baltmannsweiler: Schneider Verlag Hohengehren, S. 173–188.

Möller, K. (2007). Genetisches Lernen und Conceptual Change. In: J. Kahlert, M. Fölling-Albers, M. Götz, A. Hartinger, D. von Reeken & S. Wittkowske (Hg.): Handbuch Didaktik des Sachunterrichts. Bad Heilbrunn: Klinkhardt, S. 258–266.

Niehaus, I.; Stoletzki, A.; Fuchs, E.; Ahlrichs, J. (2011). Wissenschaftliche Recherche und Analyse zur Gestaltung, Verwendung und Wirkung von Lehrmitteln (Metaanalyse und Empfehlungen). Georg-Eckert-Institut für internationale Schulbuchforschung. Braunschweig. Online verfügbar unter http://tinyurl.com/zh5u2tx, zuletzt geprüft am 07.01.2015.

Prediger, S. (2013). Sprachmittel für mathematische Verstehensprozesse. Einblicke in Probleme, Vorgehensweisen und Ergebnisse von Entwicklungsforschungsstudien. In: A. Pallack (Hg.): Impulse für eine zeitgemäße Mathematiklehrer-Ausbildung. MNU-Dokumentation der 16. Fachleitertagung Mathematik. Neuss: Seeberger, S. 26–36.

Riebling, L. (2013). Heuristik der Bildungssprache. In: I. Gogolin (Hg.): Herausforderung Bildungssprache. Und wie man sie meistert. Münster: Waxmann (FörMig-Edition, 9), S. 106–153.

Walsh, J.A.; Sattes, B.D. (2005). Quality questioning. Research-based practice to engage every learner. Thousand Oaks, CA, [Charleston, WV]: Corwin Press; AEL.

Kapitel C: Wortschatzarbeit als Bestandteil sprachsensiblen Fachunterrichts

C 1 Von der Vokabel zum Begriff – Wortschatz erweitern und differenzieren

QM 3: *Wortfeldarbeit ist ein fester Bestandteil des Unterrichts.*

In Kapitel B wurde beschrieben, dass Merkmale von Bildungssprache nicht nur im lexikalisch-semantischen Bereich, also auf der Ebene der Inhalte von Wörtern oder Ausdrücken, zu finden sind, sondern auch auf der syntaktischen Ebene, also im Satzbau. Nun gilt bekanntlich der Auf- und Ausbau fachspezifischen Wortschatzes als eine Kernaufgabe jeden Fachunterrichts. Warum also wird hier diesem Thema besondere Aufmerksamkeit gewidmet?

Dafür gibt es vor allem folgende Gründe:

Wortschatzarbeit wird im Fachunterricht vielfach ‚fachlich isoliert' durchgeführt. Das kann dann zum Beispiel bedeuten, dass das Wort ‚Strecke' im Mathematikunterricht behandelt wird, aber kein Bezug hergestellt wird zu demselben Wort, das im Erdkundeunterricht beim Thema Bergbau benutzt wird. Eine fächerübergreifend koordinierte Arbeit an Kernbeständen von Wörtern bzw. Ausdrucksweisen und ihrer Gemeinsamkeiten und Differenzen im fachlichen oder fachübergreifenden Kontext unterstützt die Schüler(innen) dabei, ein bildungssprachliches Wortschatzfundament aufzubauen.

Ein in der Unterrichtsforschung oft beobachtetes Problem der Wortschatzarbeit besteht darin, dass zwischen der terminologischen und der begrifflichen Funktion nicht genügend unterschieden wird. Unter einem Terminus versteht man eine fachlich definierte Benennung – also eine Vokabel. Mit ‚Begriff' hingegen wird der Sinngehalt gefasst, der sich mit dem Bezeichneten verbindet. Lernen sollten Schülerinnen und Schüler beides: Terminus und Begriff. Das Lernen des Terminus aber schließt das Verstehen des Sinngehalts keineswegs automatisch ein, sondern es sind Zwischenformen der Versprachlichung – das Ausdrücken mit anderen Worten – erforderlich. Mit dem Lernen des Begriffs wiederum kann verbunden sein zu erfahren, dass nicht nur eine einzige Ausdrucksweise existiert, in der der jeweilige Sinn gesagt werden kann. Ob eine Ausdrucksweise jeweils angemessen ist, entscheidet der Kontext. Ein Beispiel: Die Äußerungen „Ich teile durch drei" und „Ich dividiere durch drei" haben keinen unterschiedlichen Sinn. Welche der beiden Ausdrucksweisen als angemessen gilt, kann zum Beispiel davon abhängen, in welcher Klassenstufe ein Kind sich befindet, oder davon, ob es gerade mit seinem Tischnachbarn eine Aufgabe in Partnerarbeit erledigt oder aufgefordert wurde, vor der Klasse einen Rechenweg vorzutragen und dabei bestimmte Termini zu verwenden.

Für sprachlich heterogen zusammengesetzte Schulklassen ist in besonderer Weise bedeutend, dass Wortschatzaneignung des konkreten Anlasses bedarf. Andere Bestandteile von Sprache – etwa syntaktische Strukturen – werden gleichsam als ‚Prinzipien' erworben. So lernen beispielsweise Kinder, die die Wortstellung des Deutschen erwerben, dass Verbzweitstellung zu den Grundprinzipien des deutschen Satzes gehört. Dies müssen sie sich nicht für jedes neue Verb wieder neu aneignen. Ein Wort und seinen Sinn hingegen lernt man nur in der direkten Begegnung – man muss es hören oder lesen (oder sonstwie, z.B. als Zeichen erfahren), damit es zur Aneignung kommt. Übrigens ist dies einer der Gründe dafür, dass zwei- oder mehrsprachig aufwachsende Kinder nicht über einen quasi vervielfachten Wortschatz verfügen, also für jedes ihrer Wörter die Versionen aus allen ihren Sprachen kennen. Sie leben zumeist in Konstellationen, in denen die Herkunftssprachen (vgl. Kasten Herkunftssprache/Familiensprache/Erstsprache) für das Sprechen über andere Inhalte funktional sind, als die umgebende Mehrheitssprache. So sind häufig die Herkunftssprachen das Medium der Kommunikation über private Angelegenheiten, während öffentliche Themen eher – oder: auch – in der umgebenden Mehrheitssprache besprochen werden. Dementsprechend bilden die Kinder Wortschatzbereiche unterschiedlich stark aus, je nach dem Sprachgebrauch in ihrer Lebenswelt und der Schule. Man kann daher im Unterricht sprachlich heterogener Lerngruppen nicht von einem – zum Beispiel ‚altersgemäßen' – Grundbestand an Wortschatz ausgehen, sondern ist darauf angewiesen, die konkrete Ausprägung des Wortschatzes jeweils zu identifizieren und ggf. Lücken zu schließen, die die Lernenden zu einem Thema oder Gegenstand mitbringen. Dabei ist es durchaus wahrscheinlich, dass auch alltagssprachlicher Wortschatz, der benötigt wird, um etwas zu verstehen (oder: etwas auf den Begriff zu bringen), vermittelt werden muss – Wortschatz also, von dem man annimmt, dass ihn alle Lernenden ‚üblicherweise' beherrschen und der häufig dazu eingesetzt wird, Termini zu erläutern oder zu illustrieren (vgl. auch Kapitel E Mehrsprachigkeit).

Wortschatzarbeit ist mithin ein Kernstück sprachsensiblen Fachunterrichts. Der Wortschatzerwerb im Fachunterricht ist als Prozess der Erarbeitung bildungssprachlicher Kompetenzen zu betrachten, der von mehrsprachigen und monolingualen Schülerinnen und Schülern gleichermaßen, aber nicht unbedingt in gleicher Weise geleistet werden muss. Für Schülerinnen und Schüler, die Deutsch als Zweit- oder Drittsprache erst seit kürzerer Zeit lernen (sogenannte ‚Seiteneinsteiger'), stellt sich die Aufgabe anders als für Lernende, die von Anfang an herkunftssprachliche und deutsche Spracherfahrungen gemacht haben. Lehrwerke und Handreichungen zur Methodik und Didaktik des Deutschen als Zweitsprache können wertvolle Anregungen geben, auch für den Fachunterricht in der Regelklasse (vgl. auch Kapitel B 2.1 Sprachsensible Unterrichtsplanung).

Herkunftssprache/Familiensprache/Erstsprache

Wenn wir auf die Sprache oder Sprachen zu sprechen kommen, die Kinder mit Migrationshintergrund aus ihrer familialen Spracherfahrung mitbringen, verwenden wir den Terminus ‚Herkunftssprache'. Es gibt in diesem Feld viele gebräuchliche Termini, die jeweils Bedeutungsnuancen haben. So spricht man von ‚Erstsprache' oder ‚L1 (Language 1)', um damit anzuzeigen, dass eine Sprache vor allen anderen erworben wurde. Von ‚Muttersprache' wird zumeist im emphatischen Sinne gesprochen. Gemeint ist die Sprache, die man in der frühen Kindheit, in enger sozialer Bindung erwirbt, die man ‚am besten' kann und zu der man sich hingezogen fühlt. Weniger emphatisch, aber mit ähnlichem Sinn versehen ist der englische Terminus des *native speaker*, also derjenigen Person, die eine Sprache ‚perfekt' beherrscht. Von ‚Familiensprache' wird gesprochen, wenn darauf fokussiert wird, dass der familiale Sprachgebrauch von einer Sprache bestimmt oder mindestens dominiert wird.

Der Terminus der Herkunftssprache verweist darauf, aus welchem Kontext die Sprache selbst stammt, um die es geht. Mit seiner Benutzung sollen mitschwingende Bedeutungen vermieden werden, etwa, dass die zuerst erworbene(n) oder die am besten beherrschte(n) Sprache(n) gemeint ist/sind oder dass es um die Sprache(n) geht, mit denen sich ein Mensch am meisten identifiziert. In der Migrationssituation trifft man alle denkbaren Konstellationen an – etwa die, dass sich jemand hochgradig mit der oder den Sprache(n) der Herkunft seiner Familie identifiziert, aber sie gar nicht selbst beherrscht, oder die, dass ein Kind gleichzeitige und ähnlich intensive Erfahrungen mit mehreren Sprachen macht, also seine ‚Erstsprache' aus zwei oder drei Sprachen besteht. Angesichts dessen erscheint es uns angebracht, eine Bezeichnung zu verwenden, die möglichst geringe ‚Beibedeutungen' mit sich führt.

C 1.1 Orientierungen für die Wortschatzarbeit

Wortschatzarbeit bezieht sich auf a) den Erwerb des Fachwortschatzes (Wortebene), b) den Erwerb von bildungssprachlichen Formulierungen und sprachlichen Mitteln des Schriftsprachgebrauchs (komplexe Äußerungseinheiten und Wortbildungsregeln) und c) Strategien zur Entschlüsselung von Wortschatz auf der Satz- und Textebene.

Der Wortschatz untergliedert sich in einen (produktiven) Mitteilungswortschatz und einen (rezeptiven) Verstehenswortschatz.

Bezogen auf alltagssprachlichen Wortschatz im Deutschen hat es Einigungen darauf gegeben, welche Anzahl an Wörtern ungefähr beherrscht werden sollten, um Einschätzungen der sprachlichen Fähigkeiten zu erlauben (vgl. (Kleinschmidt-Bräutigam et al. 2013, S. 9–12). Nach diesen Einigungen ist davon auszugehen, dass zu einem Grundwortschatz auf B1-Niveau (also einer mittleren Sprachbeherrschung) 2.000 Wörter zum Mitteilungswortschatz (produktiver Wortschatz) und 4.000 Wörter zum Verstehenswortschatz (rezeptiver Wortschatz) gehören.[1] Diese Wörter können in Lehrwerken oder Grundwortschätzen abgebildet werden.

1 Solche Einigungen kommen in bildungspolitischen Prozessen in der Regel aufgrund von Vorschlägen von wissenschaftlicher Seite zustande. Sie haben zum Beispiel zum Zweck, anerkannte Maßstäbe für die Beurteilung sprachlicher Kompetenzen zu gewinnen, die etwa

Zu Umfang und Gestalt des bildungssprachlichen Wortschatzes hat es solche ‚Einigungsverfahren' bislang nicht gegeben; eine wissenschaftliche Grundlage dafür ist nicht vorhanden. Dies eröffnet für die Planung von Unterricht durchaus Probleme, denn es fehlen bislang orientierende Grundlagen. Orientierung können Lehrkräfte jedoch aus Bildungsplänen und Lehrwerken gewinnen.

Über einen produktiven bildungssprachlichen Wortschatz müssen Schülerinnen und Schüler sowohl im Mündlichen (zum Beispiel bei Diskussionen von Arbeitsergebnissen) als auch im Schriftlichen verfügen. Außerdem benötigen sie einen über den produktiven hinausgehenden rezeptiven bildungssprachlichen Wortschatz zum Nutzen von Material, das ihre Lernprozesse unterstützen soll – also von Lehrbuchtexten, Quellen usw.

Der allgemeine Prozess des Wortschatzerwerbs gliedert sich in vier Erwerbssequenzen (Phasen) (Bai et al. 2005, S. 18): 1. Wörter verstehen und abspeichern, 2. Wörter abrufen, 3. Wörter benutzen und 4. über Wörter reflektieren. Die Unterstützung des Wortschatzerwerbs im Fachunterricht kann sich an diesen Phasen orientieren (vgl. Nodari und Steinmann 2008, S. 34).

Tabelle 3: Phasen des Wortschatzerwerbs (aus: Nodari und Steinmann 2008, S. 34).

Phase 1:	Wörter zu einem Thema kontextbezogen einführen (Verstehen von Wörtern sichern)
Phase 2:	Wörter üben (Wiedererkennen, Abspeichern und Abrufen)
Phase 3:	Wörter benutzen lassen (selbständiger Gebrauch der neuen Wörter)
Phase 4:	Über Wörter reflektieren (zum Beispiel: Bedeutungsnuancen kennenlernen; Bedeutung in verschiedenen Kontexten kennenlernen)
Phase 5:	Testen (Ergebnissicherung für nachhaltiges Wortschatzlernen)

Das Lernen von neuen Wörtern gehört für alle Schüler(innen) zum schulischen Alltag.

Im schulischen Kontext müssen Schülerinnen und Schüler – ob sie mehrsprachig aufwachsen oder nicht – ständig neue Wörter lernen, für die sie bis dahin noch kein oder nur ein vages, auf Alltagserfahrung basiertes Verständnis haben.

> Viele für das schulische Lernen wichtige Wörter werden im familiären Kontext nicht gelernt, weil sie in der alltäglichen Kommunikation kaum benötigt werden. (Neugebauer und Nodari 2012, S. 97)

Je weiter eine Schulkarriere voranschreitet, je spezifischer das fachliche Wissen wird, das gelernt werden soll, desto weniger ist zu erwarten, dass die dafür benötigten Wörter irgendwo anders als in der Schule, im Unter-

für die Zulassung zum Studium bei Studierenden aus dem Ausland zugrunde gelegt werden. Ein Beispiel hierfür ist der Gemeinsame Europäische Referenzrahmen für Sprachen (Europarat 2001), auf dessen Basis drei ‚Sprachniveaus' festgelegt werden (A, B, C – jeweils mit Untergliederungen 1 und 2), die eine Einstufung von Sprachbeherrschung erlauben sollen. Auf dieser Grundlage werden Testverfahren entwickelt, die dazu dienen, bei individuellen Lernenden das jeweils beherrschte Niveau zu identifizieren.

richt eine größere Rolle spielen. Deshalb ist es in einem sprachsensiblen Fachunterricht notwendig, kontinuierliche Wortschatzarbeit zu betreiben und sich dabei nicht auf den Aspekt der fachlichen Terminologie zu beschränken. Am günstigsten ist es, wenn Lehrkräfte sich arbeitsteilig darum bemühen, auch den allgemein bildungssprachlichen Wortschatz zu vermitteln – Wörter also, mit denen fachübergreifend gearbeitet wird (etwa Wörter, die im Unterricht wiederkehrende Tätigkeiten bezeichnen, zum Beispiel *markieren*, oder Wörter, die im Unterricht verschiedener Fächer eine Rolle spielen, wie *Nahrungsmittel*).

Schüler(innen) mit Deutsch als Zweitsprache stehen beim Erwerb von neuem Wortschatz vor zusätzlichen Herausforderungen.

Schüler und Schülerinnen, die Deutsch nicht als Erstsprache lernen oder gelernt haben, stehen vor zusätzlichen Herausforderungen:

Es ist möglich, dass die Schüler(innen) schon über ein semantisches Konzept von einem Wort in der Herkunftssprache verfügen. In dem Fall kann die „deutsche Worthülse" (NEUGEBAUER und NODARI 2012, S. 97) damit gefüllt werden. Dies betrifft häufig ältere Seiteneinsteiger, die im Herkunftsland bereits einen Bildungsweg absolviert haben. Diese Schüler(innen) müssen unter Umständen erfahren, dass vorhandene sprachliche Konzepte kulturell geprägt sind. Es kann also sein, dass sie die neuen Wörter eben nicht nur als ‚Worthülsen' über vorhandene Bedeutungen stülpen können, sondern sich auch Bedeutungsdifferenzen klarmachen müssen. Beim Sprechen über ein Thema wie ‚Gesunde Ernährung' wäre zum Beispiel zu verdeutlichen, dass mit einem Wort wie *Frühstück* sehr unterschiedliche Konnotationen verbunden sind – je nach der individuellen Erfahrung und den Traditionen, in die ein Kind hineingeführt wurde. Dabei kommen zum Beispiel Klischees vor, also etwa die Vorstellung von einem ‚normalen deutschen' oder ‚normalen französischen' Frühstück.

Der Erwerb von neuem Wortschatz in der Zweitsprache ist eventuell zeit- und arbeitsaufwändiger als bei Erstsprachler(inne)n, denn der deutsche Wortschatz, an den angeknüpft werden könnte, kann – wie erwähnt – von den Erwartungen an den ‚normalen' Wortbesitz von Lernenden eines Alters oder einer Lerngruppe abweichen. Außerdem muss damit gerechnet werden, dass Informationen zur Grammatik – also etwa der Artikel, der Plural, die Kasus von Verben) – nicht ‚en passant' mitgelernt werden, sondern ausdrücklich zusätzlich angeboten werden müssen.

Zweisprachige Wörterbücher können bei der Wortschatzarbeit hilfreich sein, aber das ist nicht ohne Weiteres der Fall. Es ist auf jeden Fall ratsam, Schüler(inne)n Strategien zu vermitteln, mit denen sie sich bei der Wortschatzarbeit auch autonom weiterhelfen können. Einschränkungen gibt es jedoch mit Blick auf die Reichweite von solchen Hilfsmitteln. Wenn die Schüler(innen) ein adäquates bildungssprachliches Wort in ihrer Herkunftssprache nicht kennen, können sie nicht in zweisprachigen Wörterbüchern nachschlagen, um das Wort und die Bedeutung in der Herkunftssprache zu erschließen. Gerade bei fachlichem Wortschatz ist es mehr als wahrscheinlich, dass dieser in der Herkunftssprache nicht ausgebaut ist, denn das würde voraussetzen, dass die Lernenden auch in dieser Sprache Unterricht erhalten. Es wäre für den Bildungserfolg der Schüler(innen) mit Migrationshintergrund von Vorteil, wenn der schulische Wortschatz in der Herkunftssprache im Verlauf des Bildungsweges mit aufgebaut werden könnte.

Insgesamt kann die Mehrsprachigkeit der Schüler(innen) in einer heterogenen Klasse für den Aufbau von metasprachlichem Wissen – also eines Wissens darüber, wie Sprache funktioniert – hilfreich sein, und zwar auch für diejenigen Lernenden, die nicht selbst mehrsprachig sind. In einem sprachsensiblen Unterricht kann zu Sprachvergleichen angeregt werden, die sowohl grammatische Strukturen betreffen als auch den Wortschatz, über den Schüler(innen) in den Herkunftssprachen verfügen. So können sich Schüler(innen) beispielsweise die arbiträre Funktion mancher grammatischer Mittel leicht klarmachen, wenn sie erfahren, dass dasselbe in verschiedenen Sprachen mit unterschiedlichen Mitteln ausgedrückt wird. Man denke etwa an Artikel – manche Sprache verfügt nur über einen einzigen bestimmten Artikel (wie Englisch), andere über zwei, das Deutsche über drei. Oder man befasst sich mit Hilfe des lebensweltlichen Sprachwissens der mehrsprachigen Schüler(innen) mit der Frage, ob Wörter in allen Sprachen dasselbe Geschlecht ‚besitzen' (vgl. auch Kapitel E 4 Sprachvergleiche).

Die Bedeutung von Wörtern ist also nur eine, wenn auch wesentliche Komponente bei der Einführung von neuem Wortschatz. Hinzu kommen Aussprache, grammatische Merkmale, pragmatische Merkmale, Rechtschreibung (vgl. Neugebauer und Nodari 2012, S. 99–100). Diese Komponenten werden nicht gleichzeitig gelernt. Bei der Vermittlung von Wortschatz muss, im jeweils passenden Kontext, immer wieder ein Rückbezug auf solche unterschiedlichen Merkmale erfolgen. Dabei geht es auch darum, den Schüler(inne)n allmählich die Differenziertheit vertraut zu machen, durch die sich das bildungssprachliche Register auszeichnet. Dazu gehört, dass sie bildungssprachliche Ausdrucksweisen mit alltagssprachlichen verbinden, die Gemeinsamkeiten und Unterschiede zwischen beiden verstehen und schließlich selbst Entscheidungen treffen können, wann und warum welche Ausdrucksweise angemessen ist und wann nicht (vgl. auch Kapitel B 2.2 Verbindung zwischen Alltags- und Bildungssprache).

Hilfreich:

- Ab dem 2. Schuljahr: *Pfiffikus – der Sprachgestalter. Das praktische Nachschlagewerk zur Wortschatzerweiterung und Ausdrucksverbesserung* (Winzen 2008)
- Ab dem 2. Schuljahr: *Schreibprofi.* Nachschlagewerk zum Schreiben und Überarbeiten von Texten (Koopmann und Rucys 2011).
- *Multidingsda. Training Grundwortschatz Deutsch und Erstsprache.* (Nodari et al. 2010). Lernsoftware zur Förderung des Grundwortschatzes Kindergarten bis 4. Schuljahr in Deutsch und 14 Erstsprachen. Ist auch als App für iPhone, iPad etc. erhältlich.
- *Dingsda. Grundwortschatz Deutsch als Zweitsprache für das 1.–4. Schuljahr* (Bai et al. 2005). Wortschatzerwerb und Wortschatzübungen + CD-ROM mit Wortschatzlisten (einige wenige Wörter sind Schweizerdeutsch).
- *Fachdingsda. Fächerorientierter Grundwortschatz für das 5.–9. Schuljahr* (Nodari und Steinmann 2008) besteht aus didaktischen Anregungen zur

Sprachförderung im Fachunterricht und beinhaltet den Fachwortschatz aus verschiedenen Fächern. Zum Heft gehört eine CD-ROM mit Wortschatzlisten (auch in Albanisch, Englisch, Französisch, Italienisch, Portugiesisch, Serbisch-Kroatisch, Spanisch, Tamil, Türkisch).

- *Mit Kindern den Wortschatz entdecken. Handreichung zum (Grund-) Wortschatzlernen* (Kleinschmidt-Bräutigam et al. 2013). Online verfügbar unter http://tinyurl.com/zxmod2m.

C 2 Einführung von Fachbegriffen

Zu Beginn einer neuen Unterrichtseinheit sollte an die Vorerfahrungen der Schülerinnen und Schüler angeknüpft und ihr fachliches und sprachliches Vorwissen aktiviert werden. Das ist eine beinahe triviale Feststellung, die für jeden Unterricht gilt, die aber in der Praxis oft dennoch nicht leicht umsetzbar ist (Gossmann 2014). Auch wenn Themen bereits sorgsam ‚durchgenommen' wurden, kann man sich nicht darauf verlassen, dass das nötige Wortrepertoire auch dauerhaft verankert ist. So stellten Lehrkräfte, die in FörMig-Transfer mitgearbeitet haben, fest, dass ihre Schüler(innen) zu Beginn der 5. Klasse die Grundrechenarten zwar meist beherrschen. Sie waren aber in sehr unterschiedlichem Maße in der Lage, sich ‚mathematisch angemessen' auszudrücken. Wörter werden oft formelhaft beherrscht, ohne dass die Schüler(innen) vom Begriff Besitz genommen haben:

> Sie haben zwar vielfach bestimmte Algorithmen drauf, die sie dann auch abspulen können und [...] das auch ganz erfolgreich hinkriegen, aber es fehlt ihnen oft die Möglichkeit [...] sich entsprechend auszudrücken. (U. Biere, STS Hannover-Linden)

Wenn die Schüler(innen) aber inhaltlich mit einem Thema – wie den Grundrechenarten – bereits vertraut sind, eignet sich dieses gut dazu, die (fach-)sprachliche Seite aufzugreifen, explizit zu machen, zu üben und zu vertiefen.

Hilfreich:

- In der Handreichung *Sprachsensibler Fachunterricht* (Senatsverwaltung für Bildung, Jugend und Wissenschaft Berlin 2013) sind Tipps und Anregungen für eine bewusste Wortschatzarbeit und einen sprachsensiblen Fachunterricht für die naturwissenschaftlichen Fächer sowie die Fächer Mathematik, Deutsch, Englisch, Geschichte und Geografie zusammengestellt. Sie ist online verfügbar unter: http://tinyurl.com/z8odnwf.

C 3 Kontextbezogene Wortschatzarbeit

QM 3: *Lehrkräfte betten Wortschatzübungen in thematische Zusammenhänge ein.*

Um den mathematischen Wortschatz der Schüler(innen) zu festigen, wurden im Rahmen von FörMig-Transfer im Mathematikunterricht an verschiedenen Modellschulen sogenannte ‚mathematische Wörterbücher' entwickelt. Das dahinterstehende Prinzip ist in allen Fällen gleich: Termini, die für ein neues Thema wesentlich sind oder die für die Schüler(innen)

Stolpersteine darstellen könnten, werden gemeinsam mit ihnen erarbeitet und dann in einer Liste, Kartei o.ä. festgehalten, die systematisch weitergeführt wird. In jüngeren Jahrgängen entscheiden die Lehrkräfte, welche Wörter ‚wichtig' sind. Langfristiges Ziel ist es, dass die Schüler(innen) die Wörterbücher eigenständig weiterführen und selbst entscheiden, ob sie ein Wort aufnehmen wollen. Die unterschiedlichen Varianten der entwickelten Wörterbücher unterscheiden sich vor allem im Hinblick darauf, welche zusätzlichen Informationen sie über die Wörter hinaus enthalten.

Bei der **Wortschatzkiste** handelt es sich um die einfachste Variante eines solchen Wörterbuches. Neue Wörter aus dem Unterricht werden auf einem großen Plakat an der Tafel in der Form einer Schatzkiste gesammelt und von den Schüler(inne)n in ihre eigene ‚Schatzkiste' (Arbeitsblatt in der Mappe) übernommen. Aufgenommen werden nicht nur Nomen (*die Multiplikation, die Division* etc.), sondern auch die dazugehörigen Verben (zum Beispiel *multiplizieren, dividieren*) und Adjektive (*stellengerecht, positiv, negativ*, etc.). Sinnvoll ist es auch hier, Artikel und Pluralformen mitzugeben. Wenn man sich mit den Schüler(inne)n über solche Formen verständigt hat, können Abkürzungen (zum Beispiel ‚-e' = die; ‚-r' = der, ‚-s' = das) oder Symbole (wie Farben für Artikel) verwendet werden.

Lehrkräfte an verschiedenen FörMig-Modellschulen haben festgestellt, dass Schüler(inne)n oftmals nicht nur einzelne Termini fehlen, sondern ihnen darüber hinaus die Verwendung in fachspezifisch akzeptablen zusammenhängenden Äußerungen schwerfällt (z.B. Winkel; Scheitelpunkt: *Ich zeichne einen Winkel mit dem Scheitelpunkt A*). Aus diesem Grund enthalten das **Wörterbuch der Geometrie** und das **Geometrische Wörterbuch** zusätzlich zu den Termini Beispielformulierungen, Erklärungen und Zeichnungen zu geometrischen Themen. Für Schüler(innen) wird dies zum Instrument des selbständigen Lernens, wenn sie damit vertraut sind:

> Das ist wie ein Duden. Da erklärt man zum Beispiel [...] hier steht, wie man das Wort richtig schreibt und hier sieht man einmal das Bild und hier stehen die Erklärungen, was, also was die Strecke zum Beispiel bedeutet. [...] Zum Beispiel hier der Punkt, ein Punkt entsteht, wenn sich zwei Geraden kreuzen. (Schüler Jahrgang 5)

In den FörMig-Schulen durften Schüler(innen) die eigenen Wörterbücher als reguläres Hilfsmittel im Unterricht (teilweise auch in Klassenarbeiten) nutzen. Dies gibt ihnen – sowohl was sprachliche als auch was fachliche Inhalte betrifft – eine große Sicherheit:

> [...] zum Teil trauen sich Schüler, im Unterricht etwas zu sagen, von denen ich sonst wenig höre, einfach weil sie wissen, sie haben etwas in der Hand, woran sie sich festhalten können. Und sie wissen, das ist richtig, wenn ich das sage. (S. Leitzke, Schulcampus Rostock-Evershagen)

Die Erarbeitung des Wörterbuches kann sowohl im Klassengespräch als auch in Gruppenarbeit erfolgen. Letztere Vorgehensweise hat den Vorteil, dass eine Differenzierung nach unterschiedlichen Sprachniveaus möglich ist – beispielsweise, indem Bausteine des Wörterbuches bereits vorgegeben werden.

Wortschatzarbeit ist nicht auf den Fachunterricht beschränkt. Die **Wortschatztruhe** bietet Redemittel für die Lösung von Aufgaben an und enthält bildungssprachliche Formulierungen wie unpersönliche Formen. Sie ist ein Hilfsmittel in einem Methodenpaket, das für das ‚Methodentraining' (das eine Wochenstunde im Fach ‚Lernen lernen' an einer FörMig-Schule eingesetzt wird) Grundlagen gibt.

Hilfreich:

- Eine gute Vorlage für ein ‚Wörterbuch der Geometrie' finden Sie in der Broschüre *DaZ Praxisbaustein 2: Bildungssprache und sprachsensibler Fachunterricht* (Regionale Arbeitsstelle für Bildung, Integration und Demokratie (RAA) Mecklenburg-Vorpommern e.V. 2012, S. 40–43) unter: http://tinyurl.com/qhn3l8n.

C 4 Festigung von Fachbegriffen

QM 3: *Lehrkräfte sichern neuen Wortschatz und neue Fachbegriffe grundsätzlich ab.*

Nicht nur die Erfahrung in FörMig hat gezeigt, dass es unzureichend ist, Fachwörter einmalig einzuführen, wenn Wortschatzarbeit nachhaltig sein soll. Auch ist es notwendig, sich mehr als einmal zu vergewissern, ob neu vermittelte Termini sich nachhaltig eingeprägt haben. Dafür kann es hilfreich sein, nicht nur am Ende einer Unterrichtseinheit eine Überprüfung vorzunehmen, beispielsweise in Form eines Lückentextes (fachlicher Inhalt und neues Vokabular), sondern auch in anderen inhaltlichen Kontexten nochmals Stichproben zu machen.

In der Sequenz, die auf der DVD zu sehen ist, wird die Überprüfung mit der Methode ‚Ich – Du – Wir' – auch bekannt als DAB (Denken – Austauschen – Berichten oder Think-Pair-Share) – kombiniert: In einem ersten Schritt versuchen die Schüler(innen) allein, ihnen fehlende Wörter in Lücken einzusetzen. Sie dürfen dabei ihre ‚Wortschatzkiste' verwenden. Die Herausforderung besteht darin, die richtige Form des Wortes zu finden (Genus, Kasus, Numerus). Im zweiten Schritt vergleichen und diskutieren die Schüler(innen) ihre Ergebnisse mit ihren Sitznachbar(inne)n. Durch die wechselseitigen Erläuterungen kann der Wortschatz weiter gefestigt werden. Im dritten Schritt werden die Ergebnisse schließlich im Klassengespräch – nicht nur mündlich, sondern auch schriftlich – noch einmal zusammengetragen und überprüft.

Der Vorteil dieser kooperativen Lernform ist, dass Schüler(inne)n, die noch nicht über einen großen Wortschatz verfügen, der Austausch mit dem Partner/der Partnerin Sicherheit bietet. So können sie sich am anschließenden Klassengespräch ohne Angst vor Bloßstellung beteiligen (Landesinstitut für Lehrerbildung und Schulentwicklung 2012, S. 6–7).

Hilfreich:

- Verschiedene Methoden (Filmleiste, Mind-Map, Worträtsel etc.) zur Festigung des Fachwortschatzes finden Sie im *Handbuch Sprachförderung im Fach. Sprachsensibler Fachunterricht* (LEISEN 2013).

Literatur

BAI, G.; NODARI, C.; CHIQUET-KÄGI, M. (2005). Dingsda. Grundwortschatz Deutsch als Zweitsprache für das 1.-4. Schuljahr. Lehrmittelverlag des Kantons Aargau (Lehrmittel der Interkantonalen Lehrmittelzentrale).

EUROPARAT (2001). Gemeinsamer europäischer Referenzrahmen für Sprachen. lehren, lernen, beurteilen. Deutsche Fassung in Zusammenarbeit mit dem Goethe-Institut Inter Nationes. Berlin: Langenscheidt.

GOSSMANN, M. (2014). Sprachförderung PLUS Mathematik – Text- und Sachaufgaben. Förderbausteine für den Soforteinsatz im Mathematikunterricht in der Grundschule. Stuttgart: Klett.

KLEINSCHMIDT-BRÄUTIGAM, M.; BABBE, K.; TERHECHTE-MERMEROGLU, F. (2013). Mit Kindern den Wortschatz entdecken. Handreichung zum (Grund-)Wortschatzlernen. Hg. v. Senatsverwaltung für Bildung, Jugend und Wissenschaft Berlin. Ludwigsfelde (Sprachbildung und Leseförderung in Berlin). Online verfügbar unter http://tinyurl.com/zxmod2m, zuletzt geprüft am 08.01.2016.

KOOPMANN, B.; RUCYS, D.(2011). Schreibprofi. Nachschlagewerk zum Schreiben und Überarbeiten von Texten. Oberursel: Finken Verlag.

LANDESINSTITUT FÜR LEHRERBILDUNG UND SCHULENTWICKLUNG (Hg.) (2012). Sprachbildung durch kooperative Lernformen in der Grundschule. Online verfügbar unter http://tinyurl.com/z6uk6vm, zuletzt geprüft am 04.01.2016.

LEISEN, J. (2013). Handbuch Sprachförderung im Fach. Sprachsensibler Fachunterricht in der Praxis. Stuttgart: Klett.

NEUGEBAUER, C.; NODARI, C. (2012). Förderung der Schulsprache in allen Fächern. Praxisvorschläge für Schulen in einem mehrsprachigen Umfeld: Kindergarten bis Sekundarstufe I. Bern: Schulverlag plus (Impulse zur Unterrichtsentwicklung).

NODARI, C.; STEINMANN, C. (2008). Fachdingsda. Fächerorientierter Grundwortschatz für das 5.–9. Schuljahr. Buchs: Lehrmittelverlag des Kantons Aargau.

NODARI, C.; WITTWER, S.; BUCHER, W.J. (2010). Multidingsda. Training Grundwortschatz Deutsch und Erstsprache. Lernsoftware zur Förderung des Grundwortschatzes Kindergarten bis 4. Schuljahr. Zürich: Lehrmittelverlag des Kantons Zürich.

REGIONALE ARBEITSSTELLE FÜR BILDUNG, INTEGRATION UND DEMOKRATIE (RAA) MECKLENBURG-VORPOMMERN E.V. (2012). DaZ Praxisbaustein 2: Bildungssprache und sprachsensibler Fachunterricht. Online verfügbar unter http://tinyurl.com/qhn3l8n, zuletzt geprüft am 18.05.2015.

SENATSVERWALTUNG FÜR BILDUNG, JUGEND UND WISSENSCHAFT BERLIN (Hg.) (2013). Sprachsensibler Fachunterricht. Handreichung zur Wortschatzarbeit in den Jahrgangsstufen 5 bis 10 unter besonderer Berücksichtigung der Fachsprache. Online verfügbar unter http://tinyurl.com/z8odnwf, zuletzt geprüft am 04.01.2016.

WINZEN, H.J. (2008). Pfiffikus – der Sprachgestalter. Das praktische Nachschlagewerk zur Wortschatzerweiterung und Ausdrucksverbesserung. Oberursel: Finken Verlag.

Kapitel D: Lesen – eine Schlüsselkompetenz der durchgängigen Sprachbildung

D 1 Schwache Leser – schwache Schüler

Lesen gilt als Schlüsselkompetenz für jede Art von Bildung in unserer Gesellschaft. Denn: Um das eigene Wissen und eigene Fähigkeiten weiterzuentwickeln, ist es notwendig, geschriebene Texte zu verstehen und zu nutzen (vgl. NAUMANN, ARTELT, SCHNEIDER & STANAT, 2010, S. 23). Wer nicht lesen kann, der kann nicht aktiv am kulturellen und gesellschaftlichen Leben teilhaben (vgl. GIEN, 2012).

Umso alarmierender, dass in Deutschland der Anteil schwach lesender Kinder und Jugendlicher nach wie vor hoch ist – etwa jede(r) sechste Heranwachsende verfügt nicht über basale Lesekompetenzen (vgl. BOS, TARELLI, BREMERICH-VOS & SCHWIPPERT, 2012, S. 22). Diese jungen Menschen sind also nicht in der Lage, Informationen, die in einem Text explizit gegeben werden, zu erfassen. Dies gilt sowohl für die Primar- als auch für die Sekundarstufe.

Es besteht ein deutlicher Zusammenhang zwischen Leseflüssigkeit und verstehendem Lesen.

In der „Internationalen Grundschul-Lese-Untersuchung" (IGLU) 2011 werden 15,4% der Viertklässler(innen) als „sehr schwach" lesend eingestuft (vgl. BOS et al., 2012, S. 22). Anders formuliert: Jedes sechste Kind in Deutschland ist am Übergang in die Sekundarstufe nicht in der Lage, angemessen schnell, sinnbetont und genau zu lesen. Dies aber sind Grundvoraussetzungen für das Verstehen von Texten. Die Autoren der IGLU-Studie schätzen dementsprechend den Anteil der Schülerinnen und Schüler, die vermutlich in der Sekundarstufe I noch basalen Leseunterricht benötigen, als „zu hoch" ein (BOS et al., 2012, S. 134).

Diese Einschätzung bekräftigen die Ergebnisse von PISA 2012. Darin zeigt sich, dass 14,5% der Neuntklässler(innen) in Deutschland im Bereich Lesen die Kompetenzstufe 2 nicht erreichen. Diese Jugendlichen können in einem Text über ein vertrautes Thema bestenfalls das Hauptthema oder die Absicht des Autors erkennen und einen einfachen Zusammenhang zwischen den im Text enthaltenen Informationen und Alltagserfahrungen herstellen (PRENZEL et al., 2013, S. 223).

Kinder und Jugendliche mit Migrationshintergrund und aus bildungsfernen Elternhäusern sind unter den schwachen Leserinnen und Lesern besonders häufig vertreten (vgl. u.a. GOLD, NIX, RIECKMANN & ROSEBROCK, 2010). Die PISA-Studien zeigen allerdings auch, dass die herkunftsbedingten Differenzen im Leseverstehen deutlich geringer ausfallen, wenn die Jugendlichen Wissen über Lesestrategien haben und gerne freiwillig lesen, also eine hohe Lesemotivation besitzen (vgl. ARTELT, NAUMANN & SCHNEIDER, 2010, S. 110–111). Aus diesem Ergebnis lässt sich für die Praxis ableiten, dass durch die Förderung von Lesemotivation und das Trainieren von Lesestrategien gute Chancen bestehen, soziale Ungleichheiten beim Bildungserfolg zu reduzieren (vgl. ARTELT et al., 2010, S. 111).

Wichtig für den alltäglichen Unterricht ist zunächst zu erkennen, wie es um die Lesefähigkeiten der Schüler(innen) tatsächlich bestellt ist. Das Trainieren von Lesestrategien ist nämlich beispielsweise wenig erfolgversprechend, wenn Schüler(innen) (noch) nicht über angemessene Leseflüssigkeit verfügen.

D 2 Dimensionen von Lesekompetenz und wie man sie fördern kann

Das Konstrukt ‚Lesekompetenz' wird in der Literatur nicht einheitlich definiert. Einigkeit besteht aber darüber, dass es sich dabei um ein komplexes Gebilde handelt, das sich in verschiedene Teilkomponenten bzw. Ebenen untergliedern lässt.

Um die unterschiedlichen Dimensionen von Lesekompetenz und deren Fördermöglichkeiten zu veranschaulichen, beziehen wir uns im Folgenden auf das ‚Mehrebenenmodell des Lesens' von Rosebrock und Nix (2014, S. 15).

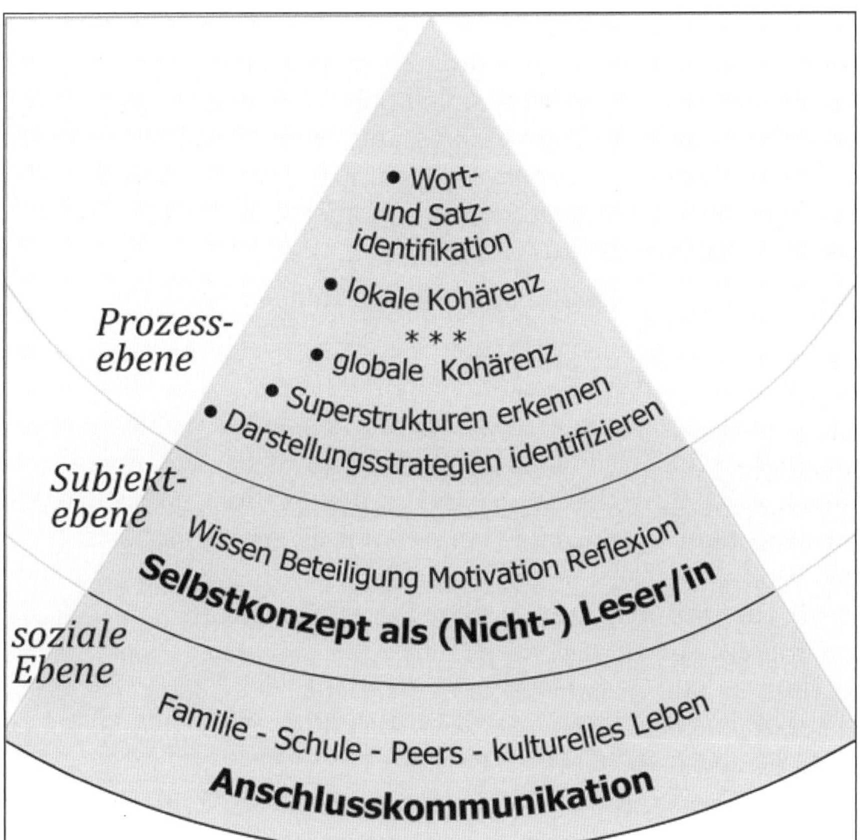

Abbildung 6: Kompetenzmodell des Lesens aus didaktischer Perspektive (Rosebrock & Nix, 2014, S. 15)

D 2.1 Die Prozessebene des Lesens

Im oberen Drittel des Lesekompetenzmodells (vgl. Abbildung 6) sind die sogenannten Prozessleistungen des Lesens abgebildet. Damit sind diejenigen geistigen Tätigkeiten gemeint, die beim Lesevorgang kognitiv ausgeführt werden müssen (vgl. ROSEBROCK, 2012, S. 4). Sie lassen sich in *hierarchieniedrige* Prozessleistungen (Wortidentifikation, Satzidentifikation, lokale Kohärenzbildung) und *hierarchiehohe* Prozessleistungen (globale Kohärenzbildung, Erkennen von Superstrukturen, Identifikation von Darstellungsstrategien) unterscheiden.

D 2.1.1 Hierarchieniedrige Prozessleistungen

Die erste Anforderung, die Leser(innen) bewältigen müssen, ist die Identifikation von Wörtern und Sätzen. Schüler(innen), die diesen Teilprozess des Lesens beherrschen, können einen Text einigermaßen flüssig lesen und verarbeiten. Sie können einem Text Informationen, die explizit genannt werden, entnehmen (z.B. In welcher Stadt spielt die Geschichte? Welche Farbe hat das Auto?) (vgl. GAILBERGER, 2011, S. 29).

Die zweite, etwas schwierigere Anforderung beim Lesen ist es, kleinräumige Zusammenhänge zwischen Wortgruppen und einzelnen Sätzen herzustellen. Teilinformationen eines Textes müssen auf lokal begrenztem Raum zueinander in Beziehung gesetzt werden, selbst wenn diese nicht explizit im Text benannt werden. Man nennt dies auch die Bildung von *lokalen Kohärenzen* (vgl. GAILBERGER, 2011, S. 31).

QM 3: *Die Lehrkräfte üben mit den Schülerinnen und Schülern systematisch wichtige Lesefertigkeiten ein.*

Diese basalen Prozessleistungen sind Grundvoraussetzungen für das verstehende Lesen, denn nur wenn die Dekodierprozesse beim Lesen automatisch ablaufen, stehen genügend kognitive Kapazitäten für den eigentlichen Textverstehensprozess zur Verfügung (vgl. ROSEBROCK & NIX, 2014, S. 37). Ist die Leseflüssigkeit bei Schüler(inne)n noch nicht vorhanden, ist es also notwendig, diese zunächst gezielt zu trainieren. Als wirksam haben sich dafür insbesondere sogenannte *Lautleseverfahren* erwiesen.

Hilfreich für das Trainieren von Leseflüssigkeit:

- *Leseflüssigkeit fördern. Lautleseverfahren für die Primar- und Sekundarstufe* (ROSEBROCK, NIX, RIECKMANN & GOLD, 2014)
- *Lesen. Das Training. Klasse 2/3 und 4* (KRUSE, RICKLI, RISS & SOMMER, 2011)
- *Lesen. Das Training. Klasse 5/6* (BERTSCHI-KAUFMANN et al., 2015)
- *Lesen im Leseteam trainieren. 25 komplette Trainingseinheiten für die 3./4. Klasse* (MUNSER-KIEFER & KIRSCHHOCK, 2012)
- *Lautleseverfahren. Unterrichtserfahrungen im Fachunterricht der Sekundarstufe I* (MASANEK & SCHNURER, 2008)
- *Auf dem Weg zur lesenden Schule* (HATTENDORF, SCHULZ & BITTINS, 2013, S. 17–26)
- *Lesen durch Hören. Leseförderung in der Sek. I mit Hörbüchern und neuen Lesestrategien* (GAILBERGER, 2011)

- Zahlreiche Übungen zur Entwicklung der Dekodierfähigkeit und Leseflüssigkeit finden sich außerdem auf dem Bildungsserver Berlin-Brandenburg unter: http://tinyurl.com/oaa62pk.

D 2.1.2 Hierarchiehohe Prozessleistungen

Die Beherrschung der beschriebenen hierarchieniedrigen Teilkompetenzen ist Voraussetzung dafür, dass die nächsthöhere Anforderung des Lesens, nämlich die Bildung von *globalen Kohärenzen*, bewältigt werden kann (vgl. Gailberger, 2011, S. 38–39): Während des Lesens müssen einzelne Absätze des Textes thematisch miteinander verknüpft werden, so dass der Leser/die Leserin zum ‚roten Faden' der Geschichte gelangt und versteht, wovon der Text insgesamt handelt (vgl. Gailberger, 2011, S. 42).

Um zu einem tieferen Textverständnis zu gelangen, nutzt ein(e) kompetente(r) Leser(in) darüber hinaus sowohl das Vorwissen zum Thema als auch Wissen über Textsorten und Gattungen, z.B. um andere Meinungen nicht unbedarft zu übernehmen oder in Satiren ironisierende Elemente zu interpretieren (vgl. Gailberger, 2011, S. 37).

QM 3:
Die Lehrkräfte vermitteln den Schüler(inne)n Lesestrategien, die es ihnen ermöglichen, selbstständig Texte zu erschließen.

Wenn Schüler(innen), bereits flüssig lesen, aber Textinhalte (noch) nicht gut verarbeiten können, ist es hilfreich, systematische Lesestrategietrainings durchzuführen (vgl. Rosebrock, 2012). Durch den expliziten Einsatz von Lesestrategien sollen Verstehensprozesse beim Lesen strukturiert und organisiert und so die globale Kohärenzbildung unterstützt werden (vgl. Rosebrock & Nix, 2014, S. 72; Schneider et al., 2013, S. 22). Es handelt sich dabei also um mentale Schritte, mit denen man sich einen Text gezielt, bewusst und eigenständig erarbeiten kann (vgl. Rosebrock, 2012, S. 7).

Lesestrategien lassen sich in drei Kategorien unterteilen (für einen Überblick siehe Philipp & Schilcher, 2012, S. 45):

1) Bei **kognitiven Lesestrategien** geht es um die Verarbeitung von Informationen. Dazu zählen *wiederholende* Lesetechniken (z.B. mehrmaliges Lesen), *ordnende* Strategien (z.B. unterstreichen, Notizen schreiben, Schaubilder erstellen o.ä.) und *elaborierende* Strategien (z.B. eigenes Wissen vor dem Lesen aktivieren, Fragen an den Text stellen etc.) (vgl. Rosebrock & Nix, 2014, S. 80–84).
2) **Metakognitive Lesestrategien** haben zum Ziel, den eigenen Leseprozess zu steuern und zu regulieren; es handelt sich also um Strategien, die den Leseprozess reflektieren. Dazu zählen beispielsweise die Auswahl geeigneter Lesetechniken, das Stellen von Verständnisfragen oder die Neuwahl einer Lesetechnik, wenn diese als geeigneter erscheint (vgl. Philipp & Schilcher, 2012, S. 44).
3) **Stützstrategien**, wie zum Beispiel eine günstige Gestaltung der Leseumgebung, die Nutzung von Bibliotheken, das Planen von Belohnungen oder ein gutes Zeitmanagement, sollen den Lernprozess zudem indirekt unterstützen (vgl. Philipp & Schilcher, 2012, S. 44–45).

Hilfreich für die Einübung von Lesestrategien:

- Die Instrumente *Lesepilot* (Klasse 2–4), *Leselotse* (Klasse 3–9) und *Lesenavigator* (Klasse 6–10) und *Lesezeichen* (Sekundarstufe I) sollen Schüler(innen) bei der Habitualisierung von Lesestrategien unterstützen. Einführende Informationen und Kopiervorlagen sind kostenlos verfügbar auf dem Bildungsserver Berlin Brandenburg unter: http://tinyurl.com/nf4zwt8.
- Die *5-Schritt-Lesemethode* ist z.B. im Schülerbuch (*Deutsch.kompetent,* 2013) zu finden, unter: http://tinyurl.com/p4alw7u.
- Für den Unterricht wurden verschiedene Lesestrategieprogramme, wie z.B. *Wir werden Textdetektive* (Buick, S., Gold, A., Mokhlesgerami, J., Rühl, K. & Souvignier, E. 2006) und *Wir werden Lesedetektive* (Rühl, K. & Souvignier, E. 2006), entwickelt.

Anzumerken ist, dass Lesestrategien, die z.B. im Literaturunterricht/Deutschunterricht angewendet werden, nicht immer ohne Weiteres auf andere Fächer übertragbar sind. In Kapitel 2 der DVD wird ein Beispiel dafür gezeigt, wie Lesestrategien für Textaufgaben in der Mathematik adaptiert und angewendet werden können.

D 3 Förderung der Lesemotivation

Schwach lesende Kinder und Jugendliche haben häufig ein ungünstiges lesebezogenes Selbstkonzept und eine schwach ausgeprägte Selbstwirksamkeitserwartung beim Lesen (vgl. Philipp, 2012, S. 23–24). Für sie ist Lesen im Verlauf ihrer Lesesozialisation nicht zur Gewohnheit geworden. Häufig empfinden sie die Lektüre ganzer Bücher als anstrengend, sie betrachten das Lesen von ‚schöner Literatur' als „kulturelle Praxis anderer Gesellschaftsschichten" (Rosebrock & Nix, 2014, S. 59). In der FörMig-AG Durchgängige Sprachbildung stand diese Gruppe im Zentrum; viele Aktivitäten richteten sich darauf, Kinder zum Lesen zu ermutigen und durch ‚Erfolge' beim Lesen die Freude daran zu wecken.

QM 4: *Die Lehrkräfte fördern gezielt die Lesemotivation durch das Bereitstellen vielfältiger Texte*

Angewendet wurden zu diesem Zweck *Verfahren der Leseanimation* wie Buchvorstellungen, Lesenächte, Autorenlesungen oder Vorlesewettbewerbe. Sie zielen darauf ab, die Leselust der Schüler(innen) zu wecken, indem sie sie gewissermaßen zum Lesen verführen. Schulische Lernsituationen und Leseaktivitäten werden mit der Absicht entkoppelt, durch motivierende Angebote eine Brücke zum außerschulischen Lesen zu bauen (vgl. Senatsverwaltung für Bildung, Jugend und Wissenschaft Berlin & LISUM, 2013, S. 3).

Durch eine Steigerung der Lesemotivation und eine Unterstützung des Lese-Selbstkonzepts der Schüler(innen) sollen ungünstige Voraussetzungen ausgeglichen werden (vgl. Rosebrock & Nix, 2014, S. 111). In Deutschland ist dieser Ansatz inzwischen sehr weit verbreitet. Geeignet ist er prinzipiell für Schüler(innen), die bereits ohne große Schwierigkeiten selbstständig altersangemessene Texte lesen können, denen es aber an Motivation fehlt (vgl. Rosebrock & Nix, 2014, S. 112).

Rosebrock und Nix (2014) geben bezüglich leseanimierender Verfahren zu bedenken, dass Kinder und Jugendliche, die aus ihren Elternhäusern nicht den Umgang mit Büchern und Lektüre gewohnt sind, durch die alleinige Anwendung solcher Methoden eher überfordert oder gar demotiviert werden können (vgl. Rosebrock & Nix, 2014, S. 112–115).

QM 4:
Die Lehrkräfte erhöhen systematisch die Lesemenge von literarischen und fachlichen Texten (Lesewochen, Lesewettbewerbe, Lesetagebücher)

Als Alternative schlagen sie vor, *Vielleseverfahren* zu nutzen, um Kindern und Jugendlichen Schritt für Schritt eine habituelle Leserrolle nahezubringen und damit ihre Lesefreude und Lesemotivation zu fördern und gleichzeitig ihre Lesefähigkeit zu verbessern (vgl. Rosebrock, 2012). In FörMig-Schulen wurden solche Verfahren erprobt. Als wichtig erwies sich dabei, dass die Lesenden, immer wenn es nötig war, Unterstützung erhielten. Außerdem nahmen die Lehrkräfte, Schulsekretärinnen, Hausmeister oder Gäste der Schule (z.B. Eltern) ihre Lesezeit zur gleichen Zeit wie die Kinder und dienten damit als ‚Lesevorbilder'.

Vielleseverfahren sollten erst verwendet werden, wenn Kinder und Jugendliche bereits in der Lage sind, weitgehend eigenständig und sinnentnehmend zu lesen. Insbesondere Schülerinnen und Schülern aus Familien, in denen es keine ausgeprägte Lesepraxis gibt, können Vielleseprogramme einen Zugang zu Literatur bieten und ihr Selbstkonzept als Leser(in) positiv beeinflussen (vgl. Schneider et al., 2013, S. 22).

QM 4:
Leseaktivitäten sind fester Bestandteil des Unterrichts (Festgelegte ‚Lesestunden' im Plan)

Hilfreich für die Steigerung von Lesemotivation:

- Bei der **Lesenden Schule** lesen alle Menschen, die in der Schule anwesend sind, an einem festen Termin (z.B. jeden ersten Montag im Monat) für eine festgesetzte Zeit.
- *Stille* **Lesezeiten/Lesestunden** können während des Unterrichts, beispielsweise drei bis vier Mal pro Woche 20 Minuten lang, stattfinden.
- Die *Lese-Olympiade* nach Bamberger (2000) ist vor allem für die 5.-7. Klasse geeignet. Die Schüler(innen) lesen zu Hause pro Woche mindestens ein Buch. Dokumentiert wird dies in einem Lesepass. Der/die Lesesieger(in) erhält einen Preis. Nachzulesen z.B. in Lange (2007).
- Mittlerweile gibt es verschiedene *internetbasierte Leseprogramme*, wie z.B. Antolin (www.antolin.de) für die Klassen 1–10 oder die kostenlose Alternative Lepion (www.lepion.de).
- Zahlreiche Tipps zur Steigerung von Lesemotivation finden sich in der Handreichung *Auf dem Weg zur lesenden Schule. Systematische schulische Leseförderung in den Jahrgangsstufen 5–10* (Hattendorf et al., 2013, S. 67–132) unter: http://tinyurl.com/o6epkv9 und in der Broschüre *Förderung der Lesemotivation von Schülerinnen und Schüler mit geringer Leseerfahrung. Ein Praxisbaustein für die Sekundarstufe I* (FörMig-Berlin, 2010) unter http://tinyurl.com/h3gk76x.

Insbesondere an mehrsprachigen Schulen hat sich gezeigt, dass es wichtig ist, die Schüler(innen) bei der Auswahl der Bücher zu unterstützen, sie beim Lesen zu begleiten und zu fordern (vgl. Neugebauer & Nodari, 2012, S. 53–58). Dies hat zwei Gründe: Zum einen besteht bei freier Buchwahl die Gefahr, dass die Schüler(innen) ausschließlich auf dem Niveau lesen, das sie bereits erreicht haben. Für die Weiterentwicklung der Lesekompetenz ist es aber notwendig, dass sie sich an ein höheres Leselevel heranwagen (vgl. Neugebauer & Nodari, 2012, S. 53). Zum anderen ist es möglich, dass sich schwach lesende Schüler(innen) nicht auf einen Text einlassen können oder mit der Auswahl eines Buches überfordert sind. Wenn sie noch nicht über ein angemessenes Lesetempo verfügen, das ihnen sinnentnehmendes Lesen erlaubt, sollte zunächst das Trainieren der Leseflüssigkeit im Vordergrund stehen (vgl. Neugebauer & Nodari, 2012, S. 37). Möglicherweise ist es notwendig, dass die Lehrkräfte Bücher im Hinblick auf Stolpersteine analysieren, um Buchempfehlungen aussprechen und die Lektüre begleiten zu können (in Neugebauer & Nodari, 2012, S. 55–59 finden Sie eine Liste mit möglichen Stolpersteinen und Ideen für die Lesebegleitung).

Verfahren der Leseanimation und Vielleseverfahren sollten keine Alternative, sondern eine Ergänzung zum Training von Lesefertigkeiten (Leseflüssigkeit) und Lesestrategien darstellen (vgl. FörMig-Berlin, 2010).

D 4 Herkunftssprachen und Lesen

QM 4: *Herkunftssprachliche Kenntnisse werden für das Lesen genutzt.*

Lesekompetenz ist ein grundlegender Bestandteil des Konzepts durchgängiger Sprachbildung. Um Lesekompetenz systematisch aufbauen zu können, ist einerseits die Beteiligung aller Lernbereiche und Fächer erforderlich. Andererseits geht mit dem Gedanken der Durchgängigkeit im Sinne von FörMig einher, dass Schüler(innen) auch ihre Herkunftssprachen als Ressource nutzen dürfen. Dies gilt auch in Bezug auf das Lesen: Wenn Schüler(innen) in ihren Herkunftssprachen alphabetisiert sind, können sie beispielsweise in Lesezeiten dazu angeregt werden, Bücher oder Texte in ihren Herkunftssprachen zu lesen. Die Wertschätzung der Sprache, die in der Familie außer dem Deutschen gesprochen wird, kann einen positiven Beitrag zur Entwicklung des sprachlichen Selbstbewusstseins und der Motivation der Schüler(innen) leisten (vgl. Neugebauer & Nodari, 2012, S. 59). Hintergrundinformationen zum Thema lebensweltliche Mehrsprachigkeit und zu der Frage, wie diese in den Unterricht einbezogen werden kann, finden Sie auf beiliegender DVD in Kapitel 5: Mehrsprachigkeit.

Hilfreich zum Thema Mehrsprachigkeit und Lesekompetenz:

Mehrsprachige Bücher bereitstellen

- Mittlerweile gibt es eine Vielzahl an mehrsprachigen Büchern in unterschiedlichen Verlagen. Einen Überblick finden Sie beispielsweise in der Broschüre *Mehrsprachige Kinderbücher* unter: http://tinyurl.com/hzjx7xo.
- Darüber hinaus können Schülerinnen und Schüler dazu angeregt werden, ihre herkunftssprachlichen Kenntnisse beim Lesen, z.B. zur Aktivierung von Vorwissen zu nutzen.

Eltern zum Vorlesen in der Herkunftssprache einladen

- Insbesondere in den jüngeren Jahrgangsstufen bietet es sich an, zu festen Terminen oder Ereignissen wie der ‚lesenden Schule' ihre Eltern, Großeltern oder auch Freunde der Familie zum Vorlesen in der Herkunftssprache einzuladen. Geeignet sind dafür besonders bebilderte Bücher, damit auch Kinder, die das Vorgelesene nicht auf Anhieb verstehen, zum Zuhören angelockt werden. Eltern, die noch wenig Erfahrung beim Vorlesen haben, brauchen ggf. Unterstützung von einer Lehrkraft. Nähere Informationen zu diesem Thema finden Sie im Heft *Mehrspra-*

chigkeit. Aktionen und Projekte in der Schule (KÜPELIKILINC, N. & TAŞAN, M. 2012) unter: http://tinyurl.com/ogj4huj.

Praktische Literatur

BAMBERGER, R. (2000). Erfolgreiche Leseerziehung in Theorie und Praxis. Mit besonderer Berücksichtigung der Projekts „Leistungs- und Motivationssteigerung im Lesen und Lernen unter dem Motto Lese- und Lernolympiade". Baltmannsweiler: Schneider Verlag Hohengehren; Öbv und hpt.

BERTSCHI-KAUFMANN, A.; KRUSE, G.; HAGENDORF, P.; RANK, K.; RISS, M. & SOMMER, T. (2015). Lesen. Das Training – Neubearbeitung/Lesefertigkeiten – Lesegeläufigkeiten – Lesestrategien. Schülermappe I. 5./6. Klasse. Stuttgart: Verlag für pädagogische Medien im Ernst Klett Verlag.

BUICK, S.; GOLD, A.; MOKHLESGERAMI, J.; RÜHL, K. & SOUVIGNIER, E. (2006). Wir werden Textdetektive (2. Aufl.). Göttingen: Vandenhoeck & Ruprecht.

FÖRMIG-BERLIN (Senatsverwaltung für Bildung, Jugend und Wissenschaft Berlin, Hg.). (2010). Förderung der Lesemotivation von Schülerinnen und Schülern mit geringer Leseerfahrung. Ein Praxisbaustein für die Sekundarstufe I. Zugriff am 06.07.2015. Verfügbar unter http://tinyurl.com/pmmchon.

GAILBERGER, S. (2011). Lesen durch Hören. Leseförderung in der Sek. I mit Hörbüchern und neuen Lesestrategien. Mit Kopiervorlagen und Hörbuch.

GRUNDSCHULE DEUTSCH, 2 (34) (2012). Lesen laut und leise. Velber: Friedrich Verlag.

HATTENDORF, E.; SCHULZ, K. & BITTINS, P. (Senatsverwaltung für Bildung, Jugend und Wissenschaft Berlin, Hg.). (2013). Auf dem Weg zur „lesenden Schule". Systematische schulische Leseförderung in den Jahrgangsstufen 5–10. Zugriff am 01.07.2015. Verfügbar unter http://tiny url.com/o6epkv9.

KRUSE, G.; RICKLI, U.; RISS, M. & SOMMER, T. (2011). Lesen – Das Training. Lesefertigkeiten – Lesegeläufigkeit – Lesestrategien. 4 Arbeitshefte – 2./3. Schuljahr. Stuttgart: vpm.

KÜPELIKILINC, N. & TAŞAN, M. (2012). Mehrsprachigkeit. Aktionen und Projekte in der Schule. Zugriff am 09.07.2015. Verfügbar unter: http://tinyurl.com/ogj4huj.

LANGE, R. (2007). Die Lese- und Lernolympiade. Aktive Leseerziehung mit dem Lesepass nach Richard Bamberger; Leitfaden für eine erfolgreiche Umsetzung (Deutschdidaktik aktuell, Bd. 27). Baltmannsweiler: Schneider Verlag Hohengehren.

MASANEK, N. & SCHNURER, C. (Landesinstitut für Lehrerbildung und Schulentwicklung, Hg.). (2008). Lautleseverfahren. Unterrichtserfahrungen im Fachunterricht der Sekundarstufe I. Förderung von Lesekompetenz. Zugriff am 29.06.2015. Verfügbar unter http://tinyurl.com/p3zjo35.

MUNSER-KIEFER, M. & KIRSCHHOCK, E.-M. (2012). Lesen im Leseteam trainieren. Prämiertes, praxiserprobtes Programm zur modernen Förderung der Lesekompetenz. Donauwörth: Auer Verlag.

NEUGEBAUER, C. & NODARI, C. (2012). Förderung der Schulsprache in allen Fächern. Praxisvorschläge für Schulen in einem mehrsprachigen Umfeld: Kindergarten bis Sekundarstufe I (Impulse zur Unterrichtsentwicklung). Bern: Schulverlag plus.

ROSEBROCK, C.; NIX, D.; RIECKMANN, C. & GOLD, A. (2014). Leseflüssigkeit fördern. Lautleseverfahren für die Primar- und Sekundarstufe (Reihe Praxis Deutsch, 3. Aufl.). Seelze: Kallmeyer; Klett.

RÜHL, K. & SOUVIGNIER, E. (2006). Wir werden Lesedetektive. Lehrermanual (Lesedetektive, Heft 2). Göttingen: Vandenhoeck & Ruprecht.

SENATSVERWALTUNG FÜR BILDUNG, JUGEND UND WISSENSCHAFT BERLIN; LISUM (2013). Durchgängige Sprachbildung/Deutsch als Zweisprache. Fachbrief Nr. 16. Zugriff am 09.07.2015. Verfügbar unter http://tinyurl.com/janfz80.

STRÄULI ARSLAN, B.; MÄCHLER, S.; NEUGEBAUER, C. & LAMBERT, R. (2005). Leseknick – Lesekick. Leseförderung in vielsprachigen Schulen. Zürich: Lehrmittelverlag des Kantons Zürich.

Wissenschaftliche Literatur

ARTELT, C.; NAUMANN, J. & SCHNEIDER, W. (2010). Kapitel 3. Lesemotivation und Lernstrategien. In: E. KLIEME; C. ARTELT; J. HARTIG; N. JUDE; O. KÖLLER; M. PRENZEL et al. (Hg.), *PISA 2009. Bilanz nach einem Jahrzehnt* (S. 73–112). Münster: Waxmann. Zugriff am 07.07.2015. Verfügbar unter http://tinyurl.com/pjqsf97.

BOS, W.; TARELLI, I.; BREMERICH-VOS, A. & SCHWIPPERT, K. (Hg.). (2012). IGLU 2011. Lesekompetenzen von Grundschulkindern in Deutschland im internationalen Vergleich. Münster [u.a.]: Waxmann. Zugriff am 29.06.2015. Verfügbar unter http://tinyurl.com/oud49yg.

GIEN, G. (2012). Basale Lesekompetenz fördern. Ein Forschungsbericht zum FLOH-Lesefitness-Training. München: Domino Verlag Günther Brinek. Zugriff am 29.06.2015. Verfügbar unter http://tinyurl.com/qa9x26s.

GOLD, A.; NIX, D.; RIECKMANN, C. & ROSEBROCK, C. (2010). Bedingungen des Textverstehens bei Leseschwachen Zwölfjährigen mit und ohne Zuwanderungshintergrund. Didaktik Deutsch, 28, 59–74.

NAUMANN, J.; ARTELT, C.; SCHNEIDER, W. & STANAT, P. (2010). Kapitel 2. Lesekompetenz von PISA 2000 bis PISA 2009. In: E. KLIEME; C. ARTELT; J. HARTIG; N. JUDE; O. KÖLLER; M. PRENZEL et al. (Hg.), PISA 2009. Bilanz nach einem Jahrzehnt (S. 23–72). Münster: Waxmann. Zugriff am 07.07.2015. Verfügbar unter http://tinyurl.com/ztsvged.

PHILIPP, M. (2012). Besser lesen und schreiben. Wie Schüler effektiver mit Sachtexten umgehen lernen (Schulpädagogik). Stuttgart: Kohlhammer.

PHILIPP, M. & SCHILCHER, A. (2012). Selbstreguliertes Lesen. Ein Überblick über wirksame Leseförderansätze. Seelze: Friedrich.

PRENZEL, M.;, SÄLZER, C.; KLIEME, E. & KÖLLER, O. (Hg.). (2013). PISA 2012. Fortschritte und Herausforderungen in Deutschland. Münster [u.a.]: Waxmann. Verfügbar unter http://tinyurl.com/nmvzfg4.

ROSEBROCK, C. (2012). Was ist Lesekompetenz, und wie kann sie gefördert werden? Leseforum Schweiz. Literalität in Forschung und Praxis: 3. Zugriff am 29.06.2015. Verfügbar unter http://tinyurl.com/ok28cfw.

ROSEBROCK, C. & NIX, D. (2014). Grundlagen der Lesedidaktik. Und der systematischen schulischen Leseförderung (7., überarb. und erw. Aufl.). Baltmannsweiler: Schneider Verlag Hohengehren.

SCHNEIDER, H.; BECKER-MROTZEK, M.; STURM, A.; JAMBOR-FAHLEN, S.; NEUGEBAUER, U.; ERFING, C. et al. (Bildungsdirektion des Kantons Zürich, Hg.). (2013). Expertise – Wirksamkeit von Sprachförderung, Mercator-Institut für Sprachförderung und Deutsch als Zweitsprache. Zugriff am 29.06.2015. Verfügbar unter http://tinyurl.com/q6sxej4.

Kapitel E: Sprachenvielfalt im Klassenzimmer

E 1 Mehrsprachigkeit

In Deutschland leben Menschen, die aus ungefähr 190 Staaten zugewandert sind. Die Vereinten Nationen zählten 2011 insgesamt 193 Staaten zu ihren Mitgliedern – das sind alle offiziell anerkannten Staaten der Welt. Man kann also sagen: Die Welt lebt in Deutschland. Da die meisten Staaten der Welt vielsprachig sind, gibt die Anzahl verschiedener Staatsangehörigkeiten allein keinen Aufschluss darüber, welche Sprachen die Zugewanderten sprechen. Nach *Ethnologue* – dem weltweit bedeutendsten Nachschlagewerk zu Sprachen – existieren 2015 insgesamt 7.102 Sprachen. Besonders sprachenreich sind asiatische und afrikanische Staaten, so etwa Indien mit ca. 450 Sprachen oder die westafrikanischen Staaten mit ca. 900 Sprachen. Aber auch für Europa zählt Ethnologue insgesamt ca. 300 Sprachen (verglichen mit nur 48 Staaten).

Nun ist es nicht leicht, Sprachen zu zählen. Oft sind Grenzen zwischen ihnen nicht eindeutig. Ob zwei verschiedene Formen, sich auszudrücken, als unterschiedliche Sprachen aufgefasst werden oder als verschiedene Varianten derselben Sprache (z.B. regionale Dialekte), liegt nicht nur an sprachlichen Verschiedenheiten oder Ähnlichkeiten. Oft sind die Entscheidungen abhängig von Macht- und Herrschaftsverhältnissen. Jüngere Beispiele hierfür bieten das ‚Auseinanderfallen' des Serbokroatischen in Serbisch und Kroatisch oder des Tschechoslowakischen in Tschechisch und Slowakisch nach der Veränderung der jeweiligen politischen Konstellation dieser Staaten.

Es ist also schwer, die sprachlichen Verhältnisse der Welt genau zu beschreiben. Zuverlässige Daten über die Zahl der Sprachen, die in Deutschland gesprochen werden, gibt es zum Beispiel deshalb nicht, weil in amtlichen Statistiken keine entsprechenden Informationen erhoben werden. Erst in jüngster Zeit ermitteln einige Bundesländer, welche Sprachen von Schülerinnen und Schülern neben dem Deutschen gesprochen werden. Meist geschieht dies durch eine entsprechende Frage an die Eltern bei der Schulanmeldung eines Kindes. Ein Beispiel für diese Praxis ist das Land Hamburg, wo seit 2009 bei der Schulanmeldung eines Kindes oder Jugendlichen die Frage nach einer Sprache außer Deutsch in der Familie gestellt wird. Im ersten Erhebungsjahr (2009) wurden 92 Sprachen ermittelt (von Afrikaans bis Zaza). Hinzu kommt eine offene Kategorie ‚sonstige' – es müssen also mehr Sprachen genannt worden sein. Im Jahr 2014 wurden 100 Sprachen plus ‚sonstige' erfasst. Die Tendenz ist also leicht steigend.

Obwohl wir nicht genau wissen, wie viele Sprachen außer dem Deutschen hierzulande alltäglich verwendet werden, und auch keine abgesicherte Vorstellung davon besitzen, welche Sprachen dies sind, ist eines klar: Deutschland ist ein Land der vielen Sprachen. Die von Migranten mitgebrachten Sprachen bleiben über Generationen hinweg wichtig für ihre

Sprecherinnen und Sprecher. Sie erfüllen auch dann Funktionen für das tägliche Leben, wenn sie neben dem Deutschen benutzt werden (Extra und Yagmur 2013; Duarte und Gogolin 2013). Für einen erheblichen Teil der Kinder und Jugendlichen, die in Deutschland leben und in Migrantenfamilien aufwachsen, gehört es deshalb zur alltäglichen Praxis, dass mehr als eine Sprache genutzt wird. Der Spracherwerb dieser jungen Menschen erfolgt oftmals nicht gesteuert. Sie eignen sich ‚lebensweltlich' Mittel aus zwei (oder mehr) Sprachen an; die Quelle dafür ist das sprachliche Leben selbst. Migrationsbedingte Mehrsprachigkeit ist aus diesem Grunde eine Unterrichtsbedingung in einer erheblichen Zahl von Schulen – und dies werden eher mehr als weniger.

Auch die Kinder und Jugendlichen, die in deutsch-einsprachigen Familien aufwachsen, machen Erfahrungen mit Mehrsprachigkeit: Sie lernen Fremdsprachen in der Schule, kommunizieren mit mehrsprachig lebenden Mitschüler(inne)n und Freund(inn)en und begegnen diversen Sprachen und Dialekten bei der Nutzung von Medien oder auf Reisen. Es lässt sich also festhalten, dass das Leben in unterschiedlichen Formen von Mehrsprachigkeit für heute und künftig Heranwachsende normaler Alltag ist. Die Einschätzungen dieser ‚Normalität' sind jedoch zwiespältig.

Zum einen rankt sich um das Thema ‚Mehrsprachigkeit' eine Vielzahl von Befürchtungen. Häufig wird die Annahme formuliert, dass das Aufwachsen und Leben mit mehr als einer Sprache eine Überforderung darstelle (vgl. Landesstiftung Baden-Württemberg 2007, S. 10–15). Betrachtet man dazu jedoch die Forschungslage, zeigt sich ein anderes Bild: Untersuchungen aus verschiedenen wissenschaftlichen Disziplinen haben zutage gefördert, dass mehrsprachig Aufwachsende eigentlich günstige Voraussetzungen nicht nur für sprachliches, sondern allgemein für schulisches Lernen mitbringen.

Mehrsprachiges Aufwachsen überfordert Kinder nicht.

Aus *spracherwerbstheoretischer Sicht* ist mehrsprachiges Aufwachsen kein Risiko. Kinder sind bestens imstande, sich zwei oder mehrere Sprachen gleichzeitig anzueignen, ohne dass es zur kognitiven Überforderung oder zu sprachlichen Auffälligkeiten kommt (Babur et al. 2010; Tracy 2008). Dabei ist es durchaus nicht notwendig, dass in einer Sprache zunächst ein bestimmtes Niveau erreicht wird, bevor eine zweite hinzukommt (Tracy 2008). Wichtig ist – das gilt allerdings genauso für einsprachig Aufwachsende – dass Kindern ein ausreichender und anregender sprachlicher Input zur Verfügung steht (Tracy 2009).

Es ist nicht zu erwarten, dass ein mehrsprachiges Kind sämtliche Ressourcen zweier monolingualer Kinder in sich vereint (Tracy 2009).

Im Hinblick auf den Erwerb von zentralen grammatischen Eigenschaften unterscheidet sich der mehrsprachige Spracherwerbsverlauf grundsätzlich nicht vom Einsprachigen. Als Nachteil mehrsprachigen Aufwachsens kann hingegen betrachtet werden, dass der Wortschatzumfang von mehrsprachigen Menschen in jeder der verfügbaren Sprachen geringer ist als bei Einsprachigen (Tracy 2009). Das heißt aber nicht, dass ihnen insgesamt weniger Ausdrucksmittel zur Verfügung stehen – aber sie verteilen sich auf zwei oder mehr Sprachen. Relevant für die Art der Verteilung ist es, was im Umfeld des Kindes in welcher Sprache besprochen wird; der Wortschatz eines Menschen baut sich nämlich aus dem Sprachbestand auf, der tatsächlich in der Kommunikation genutzt wird. So wird ein Kind aus einer sportbegeisterten Familie viele Wörter und Redewendungen aus der Welt des Sports kennen, die einem Kind aus einer sportunlustigen Familie fremd oder unbekannt sein können.

Im Falle von Migrantenfamilien ist es häufig so, dass Themen des ‚privaten Lebens' eher in der Herkunftssprache besprochen werden, während für das ‚öffentliche Leben' (also zum Beispiel schulbezogene Themen) eher die deutsche Sprache genutzt wird. Die ‚Wortschätze' eines Kindes entwickeln sich also nicht identisch in den verschiedenen Sprachen, sondern unterschiedlich. Dies kann insbesondere beim schulischen Lernen zum Nachteil werden, wenn auf mögliche Unterschiede in der Wortschatzentwicklung von ein- und mehrsprachigen Kindern keine Rücksicht genommen wird, sondern die Vorstellung vorherrscht, dass alle Kinder den Wortschatz des „einsprachigen Normalkindes" aus der Familie in die Schule mitbringen.

Frühe Mehrsprachigkeit hat positive Auswirkungen auf die kognitive Entwicklung.

Aus der *Entwicklungspsychologie* liegen Erkenntnisse dazu vor, dass sich frühe Mehrsprachigkeit positiv auf die kognitive Entwicklung auswirkt (Bialystock 2009; Sorace 2011). Beispielsweise verfügen Mehrsprachige früher über ein größeres metasprachliches Bewusstsein als ihre monolingualen Klassenkameraden (vgl. u.a. Lasagabaster 1998). Diese Fähigkeit gilt als hilfreich beim Erlernen weiterer Sprachen.

Ausgebaute und schriftnahe Kompetenzen in der Herkunftssprache haben eine positive Auswirkung auf die Entwicklung bildungssprachlicher Kompetenzen.

Forschung zum *Sprachtransfer* liefert einerseits Hinweise dafür, dass sich ausgebaute und schriftnahe Kompetenzen in den Herkunftssprachen bei mehrsprachig aufwachsenden Schülerinnen und Schülern positiv auf die Entwicklung des bildungssprachlichen Registers auswirken können (vgl. Überblick in Cummins 2013; Duarte 2015). Außerdem konnte gezeigt werden, dass Jugendliche, die sowohl in der Familiensprache als auch im Deutschen über Schriftsprachenkenntnisse verfügen, Vorteile beim Erlernen von Fremdsprachen haben (Rauch et al. 2010). Insbesondere Schüler(innen) mit schlechteren Lernausgangslagen brauchen jedoch eine ausdrückliche Unterstützung, um Transfermöglichkeiten zwischen den Sprachen zu erkennen und zu nutzen (vgl. Hufeisen 2006).

Bekanntlich aber führen solche eigentlich positiven Voraussetzungen nicht unbedingt zu guten Schulleistungen oder hohem Bildungserfolg. In den bekannten internationalen Schulleistungsvergleichsstudien (PISA, TIMSS, IGLU) wird die Mehrsprachigkeit von Schüler(inne)n mit Migrationshintergrund tendenziell als Risikofaktor für den Bildungserfolg betrachtet (Klieme et al. 2010). Dafür kann ein wichtiger Grund sein, dass Potenziale für das Lehren und Lernen, die in der Mehrsprachigkeit liegen, oft nicht erkannt oder nicht anerkannt werden und daher nicht systematisch zur Förderung der Fähigkeiten von Schüler(inne)n genutzt werden.

QM 4:
Die Herkunftssprachen erhalten ihren selbstverständlichen Raum im Unterrichtsgeschehen – sie werden nicht tabuisiert.

Auch aus psychologischer Sicht wäre es wichtig, den Herkunftssprachen Bedeutung zuzumessen: Sie sind für ihre Benutzer(innen) funktional und besitzen auch emotionale Bedeutung in zahlreichen Facetten der Kommunikation innerhalb der Familie oder des Freundeskreises (Ilic 2015). Wenn die Sprachpraxis der Familie nicht geachtet oder als minderwertig abgetan wird, kann dies verletzend sein und das Selbstbewusstsein schädigen (vgl. Riehl 2014, S. 18).

Die Zwiespältigkeit, die mit Mehrsprachigkeit oft verbunden wird, kommt auch darin zum Ausdruck, dass es ‚offiziell' eine hohe Wertschätzung von Mehrsprachigkeit gibt. So wird in vielen (bildungs-)politischen Einlassungen vom Wert der Mehrsprachigkeit gesprochen – davon beispielsweise, dass diese eine der ‚kulturellen Besonderheiten' und Stärken Europas sei. Auf bildungspolitischer Ebene wurden Vereinbarungen getroffen, die besagen, dass jedes in Europa aufwachsende Kind im Laufe seiner Schulkarriere zumindest dreisprachig werden solle: Neben der Sprache des Landes (und der Schule) soll es mindestens zwei weitere erlernen. Diese ‚europäische Dreisprachigkeitsformel' ist aber vorerst Zukunftsmusik. Nach vorliegenden Untersuchungen ist das Ziel in keinem der europäischen Länder erreicht (EUROSTAT 2012).

Mehrsprachigkeit ist also einerseits von Vorteil und willkommen, wird aber andererseits gefürchtet und als Risiko angesehen. Klar ist, dass sich das Potenzial, das in der Mehrsprachigkeit angelegt ist, nicht von allein über die Bildungskarriere hinweg weiterentwickelt.

Im Folgenden stellen wir einige Möglichkeiten zum Einbezug von Mehrsprachigkeit in den Unterricht und den Schulalltag vor, die im Rahmen der FörMig-Transferprojekte ausprobiert wurden und die sich bewährt haben.

E 2 Sprachbiografien systematisch erfassen

Grundlage für die Berücksichtigung von Mehrsprachigkeit im Unterricht ist deren systematische Erfassung.

Um die Mehrsprachigkeit der Schüler(innen) als Lernvoraussetzung berücksichtigen zu können, ist es notwendig, die vorhandene Sprachenvielfalt unter den Kindern und Jugendlichen zunächst einmal systematisch zu erfassen. Gute Erfahrungen wurden diesbezüglich mit dem Einsatz sogenannter ‚Sprachenporträts' gemacht. Die Schüler(innen) erhalten einen DIN-A4-Bogen, auf dem die Silhouette eines Menschen abgebildet ist, und werden dazu aufgefordert, ‚ihre Sprachen' (mit bunten Stiften in den Körper einzuzeichnen (Gogolin 2015). Beim Ausfüllen der ‚Sprachmenschen' sollten sie möglichst wenig eingeschränkt werden; es sollte ein ‚großzügiger' Sprachenbegriff angewendet werden: Auch Dialekte können dazuzählen, oder Sprachen, die für die Schüler(innen) eine (emotionale) Bedeutung haben, obwohl sie vielleicht nicht funktional beherrscht werden, können dabei Berücksichtigung finden.

> Zu Hause spreche ich mit meiner Mutti Vietnamesisch. Manchmal auch mit meinem Vati. Aber er kann nicht so gut Vietnamesisch sprechen. Ansonsten spreche ich Deutsch. [...] Japanisch kann ich durch Judo. (Schüler, 5. Klasse, Werner-von-Siemens-Gymnasium Großenhain)

Es bietet sich an, die Kinder oder Jugendlichen darum zu bitten, ihre Zeichnungen mit einer Legende zu versehen, einen kurzen Text zu dem Gemalten zu schreiben oder die ausgefüllten Sprachenporträts mündlich zu erläutern. Zum einen sind die Kommentare oft spannend und können als Einstieg in weitere Gespräche über Sprachen genutzt werden (vgl. Ahrenholz 2010). Zum anderen können Lehrkräfte wichtige Informationen gewinnen, zum Beispiel darüber, welche Sprachen in den Familien gesprochen werden, welche Sprachlernerfahrungen (positive oder auch negative) die Schüler(innen) gemacht haben, ob bereits schriftsprachliche Kenntnisse vorhanden sind – und so weiter.

Für Schüler(innen) und Schüler kann es nicht nur interessant sein zu sehen, wie die Sprachbiographien ihrer Klassenkamerad(inn)en aussehen, sondern auch die ihrer Lehrkräfte. Die Arbeit mit den Sprachenporträts kann an jede Altersgruppe und Schulstufe angepasst werden (vgl. GALLIG 2010).

Hilfreich für die Erfassung des sprachlichen Hintergrundes:

- Ideen für die Arbeit mit Sprachenporträts im Unterricht finden sich in: *Sprachenporträts anfertigen* (Ahrenholz 2010) und *Sprachenporträts im Unterricht* (GALLIG 2010) unter http://tinyurl.com/jf8oxkv.
- Um festzustellen, welche Sprachen im Klassenzimmer vorhanden sind, können alternativ auch Erhebungsbögen genutzt werden, wie zum Beispiel die *Bestandsaufnahme Sprachen* von der RAA MV: http://tinyurl.com/q83jr95 oder der *Fragebogen zur Erhebung von Sprachdaten an weiterführenden Schulen* aus dem Projekt „Mehrsprachigkeit an Thüringer Schulen (MaTs)“ (2013, S. 150–155): http://tinyurl.com/lsythl7.

E 3 Freie Sprachwahl in Partner- oder Gruppenarbeit

QM 4:
In Gruppen- oder Partnerarbeit dürfen die Schüler(innen) ihre stärkste Sprache benutzen.

Eine gut erprobte Möglichkeit, die Herkunftssprachen der Schüler(innen) systematisch in den Unterricht einzubeziehen und für das Lernen fruchtbar zu machen, besteht darin, ihnen in Partner- oder Gruppenarbeitsphasen freizustellen, welche Sprache(n) sie nutzen. Dies kann, muss aber nicht unbedingt, die Herkunftssprache sein. Anders formuliert: Die Schüler(innen) dürfen in der Erarbeitungsphase das gesamte ihnen zur Verfügung stehende Sprachrepertoire verwenden, um sich neue Inhalte zu erschließen oder Aufgaben zu lösen.

Das Mischen von Sprachen ist während Gruppen- oder Partnerarbeitsphasen funktional.

Während solcher Aushandlungsprozesse ist erwartbar, dass mehrsprachig aufwachsende Kinder und Jugendliche ihre Sprachen mischen. In der Sprachwissenschaft wird die Sprachmischung auch als Code-Switching und Code-Mixing bezeichnet (vgl. RIEHL 2014, S. 100–103). Es handelt sich dabei nicht um ein Anzeichen für ein sprachliches Defizit, sondern ist typisch für mehrsprachige Menschen: Da die Sprachen im Kopf vernetzt sind, kann zwar eine Sprache unterdrückt werden, wenn die andere aktiv ist (monolingualer Modus) (vgl. RIEHL 2014, S. 55). Wenn aber die Sprachkontaktsituation es erlaubt, muss das nicht geschehen – und es wäre auch nicht von Vorteil für die Lösung einer kommunikativen Aufgabe, wenn Schüler(innen) beim Durchdenken, Verstehen, Finden von Lösungen davon abgehalten werden, ihr gesamtes sprachliches Können und Wissen einzusetzen (vgl. RIEHL 2014, S. 101–103).

Der folgende Ausschnitt aus einem Gespräch zwischen zwei Mädchen mit russischem Migrationshintergrund illustriert, dass ein Wechsel zwischen den Sprachen funktional sein kann. Das Gespräch findet während einer

Geschichtsstunde statt, in der es um die Machtübernahme Hitlers geht. In einer Gruppenarbeitsphase sollen die Schüler(innen) das zentrale Thema des Textes herausarbeiten. Die Arbeit am Text geht dialogisch vonstatten; dabei benutzt eines der Mädchen die russische Sprache im Wechsel mit der deutschen, und das andere Mädchen versteht und bestätigt diese Praxis.

Ähm, das zentrale Thema … Понимаешь, он тут много всего говорит.
(Verstehst Du, er sagt hier vieles)

Он сначала говорит, что да, говорит, что мы должны быть все [вместе].
(Er zuerst sagt, dass, ja, dass wir alle zusammen sein müssen.)

И он так говорит, как будто это их сейчас [мнение]. И потом он говорит,
(Und er sagt so, als ob es jetzt ihre [Meinung] wäre. Und dann sagt er,

[что] eh, deutsche Volk hat sich verändert. Они как бы уже теперь ahm
dass), (Sie sind sozusagen schon jetzt)

ist nicht mehr das Volk der Ehrlosigkeit, der der Schande, der Selbstzerfleischung, der Kleinmütigkeit. Он якобы говорит, что сейчас всё
(Er sagt quasi, dass jetzt alles

намного лучше, что сейчас всё так круто.
viel besser ist, dass jetzt alles so cool ist.)

Auszug aus einem Gespräch zwischen russischen Schülerinnen im Geschichtsunterricht der Sekundarstufe II. Aus: Bührig und Duarte (2013, S. 257–259).

QM 4:
Es sollte explizit vereinbart werden, wann es um Mehrsprachigkeit geht und wann es um das Deutsche geht.

Es sollten explizite Vereinbarungen zwischen Lehrkräften und Schüle-r(inne)n darüber getroffen werden, wann es um Mehrsprachigkeit geht und wann es um das Deutsche geht (vgl. Gogolin et al. 2011, S. 22). So können nach einer mehrsprachigen Arbeitsgruppenphase die Schüler(innen) in einem anschließenden Arbeitsschritt – zum Beispiel im Klassengespräch oder bei der Präsentation des Erarbeiteten – gefordert sein, die Ergebnisse in deutscher Sprache zu präsentieren. Um sich angemessen fach- und bildungssprachlich auszudrücken, benötigen sie ggf. die Unterstützung der Lehrkraft in Form eines sprachlichen Scaffolding (vgl. Quehl und Trapp 2013).

In Bezug auf die Verwendung lebensweltlicher Mehrsprachigkeit im Unterricht haben nicht nur Lehrkräfte im FörMig-Transferprojekt zunächst Bedenken geäußert. Aus wissenschaftlicher Sicht können zumindest zwei dieser Befürchtungen entkräftet werden:

1. Die erste Sorge, die von Lehrer(inne)n formuliert wurde, betrifft das herkunftssprachliche Niveau der Schülerinnen und Schüler. Sie befürchten, dass die herkunftssprachlichen Kompetenzen der Schüler(innen) nicht ausreichen, um für unterrichtsrelevante Themen gewinnbringend genutzt werden zu können. Eine Videostudie, die im Rahmen der Landesexzellenzinitiative *Linguistic Diversity Management in Urban Areas – LiMA* durchgeführt wurde, macht deutlich, dass dieser Vorbehalt nicht gerechtfertigt ist: Die Nutzung der Herkunftssprache kann auch dann wesentlich zum Verstehen eines neuen Themas, zum Beispiel eines Textes oder einer Aufgabenstellung beitragen, wenn Schüler(innen) in

ihrer Herkunftssprache nicht über ein bildungssprachliches Niveau verfügen und der Sprachmodus während der Gruppenarbeit folglich nicht bildungssprachlich ist (vgl. Bührig und Duarte 2013).

2. Zum anderen befürchten viele Lehrkräfte, dass Schüler(innen) lästern, schimpfen oder ähnlich Unliebsames tun, wenn sie in einer Sprache kommunizieren, derer die Lehrkraft nicht mächtig ist. Verschiedene Studien haben gezeigt, dass auch diese Sorge unbegründet ist: Wenn Schüler(innen) ihre Herkunftssprachen im Unterricht nutzen, dann verwenden sie diese so, wie einsprachige Kinder und Jugendliche es auch tun. Dazu zählt unter Umständen auch, dass sie lästern. Die meiste Zeit aber besprechen sie unterrichtsrelevante Themen (vgl. Frey 1997; Dirim 1998; Bourne 2002; Bührig und Duarte 2013). Eine Herausforderung liegt jedoch darin, als Lehrkraft die ‚Kontrolle' über das Unterrichtsgeschehen abzugeben.

E 4 Sprachvergleiche

Wenn im Unterricht die Herkunftssprachen der Schüler(innen) zum Thema gemacht werden, können die Kinder und Jugendlichen Kompetenzen zeigen, die ansonsten oft nicht wahrgenommen werden (vgl. Landesinstitut für Lehrerbildung und Schulentwicklung 2011, S. 16). Dies gilt in besonderem Maß für ‚Seiteneinsteiger', die bereits Schulerfahrungen im Herkunftsland gemacht haben. Der Vergleich der Herkunftssprachen mit dem Deutschen bietet ihnen zudem die Möglichkeit, inhaltlich an das anzuknüpfen, was sie im Unterricht im Herkunftsland bereits gelernt haben.

Insbesondere für ‚Seiteneinsteiger(innen)' bieten Sprachvergleiche die Möglichkeit an das anzuknüpfen, was sie fachlich bereits gelernt haben.

Darüber hinaus kann durch sprachvergleichende Arbeit die Sprachbewusstheit der ganzen Lerngruppe gesteigert werden. Kinder, die nicht mehrsprachig aufwachsen, geraten durch Sprachvergleiche in Situationen, in denen sie nicht alles verstehen. Dies kann zwar auch zu Verunsicherungen führen, ermöglicht aber zugleich einen Erfahrungsgewinn (vgl. Landesinstitut für Lehrerbildung und Schulentwicklung 2011, S. 16): Die Schüler(innen) lernen über Sprache nachzudenken, indem sie Unterschiede und Gemeinsamkeiten von Sprachen erkennen und in ihren Funktionen durchschauen.

Durch Sprachvergleiche kann die Sprachbewusstheit der ganzen Lerngruppe gefördert werden.

Während des FörMig-Transferprojekts hat es sich gezeigt, dass lebensweltlich mehrsprachige Schüler(innen) nicht immer über explizites, deklaratives Wissen in den Familiensprachen verfügen (vgl. Roost und Schader 2010). Dies trifft insbesondere dann zu, wenn die Kinder und Jugendlichen nicht in ihren Sprachen literalisiert sind. Zudem ist es möglich, dass sie in ihrer bisherigen Sprachbiographie eher geringe Unterstützung dabei erfahren haben, ihre angelegten Fähigkeiten zum Nachdenken und Reflektieren über Sprache zu systematisieren – oder auch nur: öffentlich zu machen. Die Einführung solcher Methoden bedarf also einer behutsamen Vorbereitung. Um eine Überforderung oder Bloßstellung beim Vergleich verschiedener Sprachen zu vermeiden, ist es sinnvoll zunächst zu prüfen, wie die familiensprachlichen Kenntnisse der Schüler(innen) beschaffen sind und welche Erfahrungen sie mit solchen Praktiken schon gemacht haben.

Bei lebensweltlich Mehrsprachigen sollte überprüft werden, ob die für den Sprachvergleich notwendigen Kenntnisse vorhanden sind.

Im Übrigen hat es sich bewährt, für die Realisierung von Mehrsprachigkeitspraktiken Verbündete zu suchen. So können vielleicht Eltern oder größere Geschwister im Vorfeld beim Übersetzen und Verschriftlichen – beispielsweise von Fachbegriffen oder kurzen Texten – behilflich sein. Vielfach gibt es auch andere Unterstützer(innen), zum Beispiel Mitglieder von Migrantenvereinen, Lehrkräfte für Herkunftssprachen oder andere sprachenkundige Menschen, die man bei der Vorbereitung mehrsprachiger Methoden zu Rate ziehen kann.

Hilfreich für sprachvergleichendes Arbeiten:

- Ein Überblick über die wichtigsten Charakteristika unterschiedlicher Migrantensprachen inklusive wichtiger Wörter, Wendungen und Zahlen findet sich beispielsweise in *Deine Sprache – meine Sprache. Handbuch zu 14 Migrationssprachen und zu Deutsch* (Schader und Avramovska 2011).
- In der Broschüre *Mehrsprachigkeit zur Entwicklung von Sprachbewusstsein – Sprachbewusstsein als Element der Sprachförderung* (Landesinstitut für Lehrerbildung und Schulentwicklung 2011) werden acht Migrantensprachen mit dem Deutschen verglichen. Die Sprachvergleiche geben Hinweise darauf, welche Strukturen im Deutschen für Sprachlerner(innen) unterschiedlicher Herkunftssprachen eine Schwierigkeit darstellen können. Das Heft ist kostenlos erhältlich unter: http://tinyurl.com/pkahcqj.
- In dem Buch *Das mehrsprachige Klassenzimmer* (Krifka et al. 2014) finden Sie Informationen zu 29 Migrantensprachen, deren Sprechern, Darstellungen zu Schrift und Aussprache, Wortbildung, Flexion, Satzstruktur etc.
- Eine Auswahl an Links zu mehrsprachigen Bücher und Materialien der Bildungsdirektion des Kantons Zürich finden Sie unter: http://tinyurl.com/p5g9qhf.
- In Max Huwylers *Was ist – ist was* (Huwyler 2010) finden sich Geschichten, Gedichte und Szenen auf Deutsch und Übersetzungen in sieben Sprachen (Albanisch, Englisch, Portugiesisch, Serbisch, Spanisch, Tamilisch, Türkisch).
- Ein schönes filmisches Beispiel dafür, wie sprachvergleichende Arbeit im Deutschunterricht der 5. Klasse aussehen kann, findet sich auf der DVD *Mehrsprachigkeitsprojekte: konkrete Beispiele für die* Praxis, die 2010 im Schulverlag plus erschienen ist.

E 5 Kooperation DaZ und Herkunftssprachenunterricht

Die Förderung des Deutschen als Zweitsprache und die Förderung der Familiensprachen stehen nicht in Konkurrenz zueinander, sondern können einander sehr gut ergänzen. Dies gilt besonders, wenn die Unterrichte (Deutsch und Herkunftssprachen) gut aufeinander abgestimmt sind. Es muss abgesprochen sein, welche Lernschritte und Ziele bereits erreicht sind bzw. vor den Schüler(inne)n liegen und in welchen Teilen des nächsten Unterrichts sich die explizite Herstellung einer Beziehung zwischen den Sprachen, also das sprachenvergleichende Vorgehen gut zur Unterstützung des Lernens eignet.

So hat sich zum Beispiel gezeigt, dass es besonders gewinnbringend ist, wenn die Einführung in die Schrift im Deutschen und der Herkunftssprache koordiniert erfolgt. Lehrer(innen), die Deutsch als Zweitsprache unterrichten und solche, die herkunftssprachlichen Unterricht erteilen, stimmen sich im Hinblick auf die Alphabetisierung, die Unterrichtsmethoden, die kontrastive Arbeit und die Sachunterrichtsthemen, ab. Die Evaluation des Konzepts KOALA (KOordinierte zweisprachige ALphabetisierung im Anfangsunterricht) hat gezeigt, dass bei Grundschülerinnen und Grundschülern, die eine koordinierte Alphabetisierung in Deutsch und der Herkunftssprache erhalten, der Anteil derjenigen mit gut entwickelter, tendenziell balancierter Zweisprachigkeit höher ist als bei Gleichaltrigen, die Deutschförderung (additiv oder integrativ) ohne herkunftssprachliche Elemente *oder* die eine nicht koordinierte Kombination aus Deutschförderung und herkunftssprachlichem Ergänzungsunterricht erhielten (vgl. REICH 2011, S. 15–17). Die Kinder in der koordinierten Alphabetisierung profitierten sowohl in Bezug auf ihre Deutschkenntnisse als auch ihre familiensprachlichen Kompetenzen von der Zusammenarbeit zwischen Deutsch als Zweitsprachen- und Herkunftssprachenlehrer(inne)n.

Eine koordinierte Förderung des Deutschen und der Familiensprache erweist sich als besonders effektiv.

Hilfreich:

- SCHADER, Basil (2016a). *Grundlagen und Hintergründe. Materialien für den herkunftssprachlichen Unterricht: Hand- und Arbeitsbuch.* Zürich: Orell Füssli.
- SCHADER, Basil (2016b). *Förderung des Schreibens in der Erstsprache. Materialien für den herkunftssprachlichen Unterricht: Didaktische Anregungen 1.* Zürich: Orell Füssli.
- SCHADER, Basil (2016c). *Förderung des Lesens in der Erstsprache. Materialien für den herkunftssprachlichen Unterricht: Didaktische Anregungen 2.* Zürich: Orell Füssli.
- SCHADER, Basil (2016d). *Förderung der Mündlichkeit in der Erstsprache. Materialien für den herkunftssprachlichen Unterricht: Didaktische Anregungen 3.* Zürich: Orell Füssli.

E 6 Anerkennungs- bzw. Feststellungsprüfung in den Herkunftssprachen

Schülerinnen und Schüler, die als Erstsprache nicht Deutsch sprechen und die als sogenannte ‚Seiteneinsteiger(innen)‘ im Verlauf der Sekundarstufe I in das deutsche Schulsystem eintreten, haben die Möglichkeit, eine Anerkennungs- oder Feststellungsprüfung in ihrer Familiensprache zu absolvieren.

In vielen Bundesländern ist möglich, dass ‚Seiteneinsteiger(innen)‘ die erste oder zweite Fremdsprache durch eine Anerkennungsprüfung in der Herkunftssprache ersetzen können.

Einerseits werden durch das Ablegen einer solchen Prüfung die herkunftssprachlichen Kenntnisse offiziell anerkannt. Dies kann sich positiv auf die mehrsprachige Identitätsentwicklung der Kinder und Jugendlichen auswirken (vgl. RIEHL 2014, S. 18). Andererseits können die Schüler(innen) – je nach Bundesland – die erste oder zweite Fremdsprache durch ihre Herkunftssprache ersetzen. Es ist möglich, dass zum Beispiel Dozent(inn)en der Universität offiziell von der zuständigen Bildungsbehörde oder dem

Kultusministerium eingesetzt werden, so dass die Prüfungen prinzipiell in vielen verschiedenen Sprachen abgelegt werden können.

Richtlinien zu Anerkennungsprüfungen in den an FörMig-Transfer beteiligten Bundesländern:

- Regelungen für den herkunftssprachlichen Unterricht in Hamburg können Sie unter http://tinyurl.com/pljxx79 herunterladen.
- Den Erlass für den *Unterricht für Schülerinnen und Schüler mit Zuwanderungsgeschichte, insbesondere im Bereich der Sprachen* aus NRW finden Sie unter: http://tinyurl.com/od3v2jl.
- Eine Broschüre für Schulleitung und Lehrkräfte mit Informationen zur *Aufnahme von Schülerinnen und Schülern nichtdeutscher Herkunftssprache als Seiteneinsteiger* in Mecklenburg-Vorpommern stellt die RAA MV unter http://tinyurl.com/omggozp zur Verfügung, die zugehörigen Verwaltungsbestimmungen finden sich unter: http://tinyurl.com/qgt8yna.
- Die derzeit in Niedersachsen gültigen Richtlinien für die *Förderung von Bildungserfolg und Teilhabe von Schülerinnen und Schülern nichtdeutscher Herkunftssprache* werden unter http://tinyurl.com/odg2utv zum Download zur Verfügung gestellt.
- Einen *Leitfaden zur schulischen Integration von neu zugewanderten Kindern und Jugendlichen* der Senatsverwaltung für Bildung, Jugend und Wissenschaft in Berlin finden Sie unter: http://tinyurl.com/h5599ox.
- Auch ist in Berlin ist die Möglichkeit einer Sprachstandsfeststellung im Schulgesetz verankert: http://tinyurl.com/oez76zq.
- In Sachsen ist die Möglichkeit einer Anerkennung herkunftssprachlicher Kompetenzen in der *Richtlinie für die Feststellungsprüfung für ausländische Schüler und Aussiedlerkinder anstelle der ersten oder zweiten Fremdsprache* geregelt: http://tinyurl.com/p9b324r.

Globalisierung, internationale Mobilität und Migration sind bedeutende Herausforderungen der Gegenwart und der vorhersehbaren Zukunft. Dem müssen Schulen sich stellen, denn diese Entwicklungen sind nicht rückgängig zu machen. Folgen davon sind wachsende soziale und ökonomische, sprachliche und kulturelle Heterogenität in der alltäglichen Umgebung der Menschen – beinahe überall auf der Welt.

Um unter diesen Bedingungen Verständigung und Teilhabe zu ermöglichen, zählt es im 21. Jahrhundert zu den Aufgaben von Bildungssystemen, junge Menschen dazu zu befähigen, sich in Konstellationen der Sprachverschiedenheit, oft auch der sprachlichen Ungewissheit, kompetent verhalten zu können. Voraussetzung dafür ist, dass die Mehrsprachigkeit der Schülerinnen und Schüler Wertschätzung erfährt und die Bereitschaft besteht, Mehrsprachigkeit, wo es möglich ist, zu fördern.

> Ich denke, für jede Schule, für jeden Lehrer ist es wichtig zu verstehen, dass Mehrsprachigkeit nicht als Handicap angesehen wird [...] sondern als eine Bereicherung. Und dass man das, was die Kinder mitbringen [...] mit dieser Kommunikationsfähigkeit, mit dieser Offenheit für andere Kulturen, dass man das nutzen soll, um die Gesellschaft, die Schule spannender, interessanter, vielseitiger zu machen. (O. Kubsch, Werner-von-Siemens-Gymnasium Großenhain)

In den FörMig-Schulen wurde die Erfahrung gemacht, dass man sich diesen Herausforderungen erfolgreich stellen kann – und dass dies nicht nur mit Anstrengungen oder zusätzlichen Investitionen verbunden ist, sondern genauso mit der Erfahrung, dass Mehrsprachigkeit Gewinn bringt und Freude macht.

Praktische Literatur

Ahrenholz, B. (2010). Sprachenporträts anfertigen. In: *Deutschunterricht* 63, S. 10–11.

Gallig, I. (2010). Sprachenporträts im Unterricht. Eine Unterrichtseinheit über Mehrsprachigkeit. In: S. Fürstenau und M. Gomolla (Hg.): Migration und schulischer Wandel: Mehrsprachigkeit. Wiesbaden: VS Verlag für Sozialwiss. (Lehrbuch). Online verfügbar unter http://tinyurl.com/jf8okv.

Gogolin, I.; Lange, I.; Bainski, C.; Heintze, A.; Rutten, S.; Saalmann, W. (2011). Durchgängige Sprachbildung – Qualitätsmerkmale für den Unterricht. Unter Mitarbeit von der FörMig-AG Durchgängige Sprachbildung. Münster [u.a.]: Waxmann (FörMig-Material, 3).

Huwyler, M. (2010). Was ist – ist was. Geschichten, Gedichte, Szenen; Deutsch und Übersetzungen in sieben Sprachen; Albanisch, Englisch, Portugiesisch, Serbisch, Spanisch, Tamilisch, Türkisch. Zürich: Orell Füssli.

Landesinstitut für Lehrerbildung und Schulentwicklung (Hg.) (2011). Mehrsprachigkeit zur Entwicklung von Sprachbewusstsein – Sprachbewusstsein als Element der Sprachförderung. Online verfügbar unter http://tinyurl.com/pkahcqj, zuletzt aktualisiert am 30.07.2015.

Quehl, T.; Trapp, U. (2013). Sprachbildung im Sachunterricht der Grundschule. Mit dem Scaffolding-Konzept unterwegs zur Bildungssprache. Münster [u.a.]: Waxmann (FörMig-Material, 4).

Reich, H.H.; Krumm, H.-J. (2013). Sprachbildung und Mehrsprachigkeit. Ein Curriculum zur Wahrnehmung und Bewältigung sprachlicher Vielfalt im Unterricht. Münster [u.a.]: Waxmann. http://tinyurl.com/q2eblup, zuletzt geprüft am 30.07.2015.

Roost, D.; Schader, B. (2010). Mehrsprachigkeitsprojekte: konkrete Beispiele für die Praxis. Ein Unterrichtsfilm der Pädagogischen Hochschule Zürich. Bern: Schulverl. plus.

Schader, B. (2004). Sprachenvielfalt als Chance. Das Handbuch. Hintergründe und 101 praktische Vorschläge für den Unterricht in mehrsprachigen Klassen. Troisdorf: Bildungsverlag EINS.

Schader, B. (2016a). Grundlagen und Hintergründe. Materialien für den herkunftssprachlichen Unterricht: Hand- und Arbeitsbuch. Zürich: Orell Füssli.

Schader, B. (2016b). Förderung des Schreibens in der Erstsprache. Materialien für den herkunftssprachlichen Unterricht: Didaktische Anregungen 1. Zürich: Orell Füssli.

Schader, B. (2016c). Förderung des Lesens in der Erstsprache. Materialien für den herkunftssprachlichen Unterricht: Didaktische Anregungen 2. Zürich: Orell Füssli.

Schader, B. (2016d). Förderung der Mündlichkeit in der Erstsprache. Materialien für den herkunftssprachlichen Unterricht: Didaktische Anregungen 3. Zürich: Orell Füssli.

SCHADER, B.; AVRAMOVSKA, N. (2011). Deine Sprache – meine Sprache. Handbuch zu 14 Migrationssprachen und zu Deutsch. Für Lehrpersonen an mehrsprachigen Klassen und für den DaZ-Unterricht. Zürich: Lehrmittelverlag des Kantons Zürich.

TRACY, R. (2008). Wie Kinder Sprachen lernen und wie wir sie dabei unterstützen können. 2., überarb. Aufl. Tübingen: Francke.

Wissenschaftliche Literatur

AHRENHOLZ, B.; MAAK, D. (2013). Zur Situation von SchülerInnen nichtdeutscher Herkunftssprache in Thüringen unter besonderer Berücksichtigung von Seiteneinsteigern. Abschlussbericht zum Projekt „Mehrsprachigkeit an Thüringer Schulen (MaTS)“, durchgeführt im Auftrage des TMBWK. Unter Mitarbeit von I. Fuchs, B. Hövelbrinks, J. Ricard Brede und W. Zippel (Berichte und Materialien www.daz-portal.de, 1). Online verfügbar unter http://tinyurl.com/lsythl7, zuletzt geprüft am 13.08.2015.

BABUR, E.; CHILLA, S.; ROTHWEILER, M. (2010). Kindliche Mehrsprachigkeit. Grundlagen – Störungen – Diagnostik. München: Ernst Reinhardt Verlag.

BIALYSTOCK, E. (2009). Effects of bilingualism on cognitive and linguistic performance across the lifespan. In: I. GOGOLIN und U. NEUMANN (Hg.): Streitfall Zweisprachigkeit – The bilingualism controversy. Wiesbaden: VS Verlag, S. 53–68.

BOURNE, J. (2002). 'Oh, What Will Miss Say!': Constructing Texts and Identities in the Discursive Processes of Classroom Writing. In: Language and Education 16 (4), S. 241–259. DOI: 10.1080/09500780208666830.

BÜHRIG, K.; DUARTE, J. (2013). Zur Rolle lebensweltlicher Mehrsprachigkeit für das Lernen im Fachunterricht – ein Beispiel aus einer Videostudie der Sekundarstufe II. In: Gruppendyn Organisationsberat 44 (3), S. 245–275. DOI: 10.1007/s11612-013-0217-z.

CUMMINS, J. (2013). Current research on language transfer. In: P. SIEMUND, I. GOGOLIN, M.E. SCHULZ und J. DAVYDOVA (Hg.): Multilingualism and Language Diversity in Urban Areas, Bd. 1. Amsterdam: John Benjamins Publishing Company (Hamburg Studies on Linguistic Diversity), S. 289–304.

DIRIM, İ. (1998). „Var mı lan Marmelade?“. Türkisch-deutscher Sprachkontakt in einer Grundschulklasse. Münster, New York: Waxmann (Interkulturelle Bildungsforschung, Bd. 3).

DUARTE, J. (2015). Cross-linguistic transfer of academic language in multilingual adolescents*. In: Hagen Peukert (Hg.): Transfer Effects in Multilingual Language Development, Bd. 4. Amsterdam: John Benjamins Publishing Company (Hamburg Studies on Linguistic Diversity, 4), S. 221–248.

DUARTE, J.; GOGOLIN, I. (Hg.) (2013). Linguistic superdiversity in urban areas: Research approaches. Amsterdam: John Benjamins Publishing Company (Hamburg Studies on Linguistic Diversity, 2).

EUROSTAT (2012). Migration and migrant population statistics. Brussels: European Commission (October 2011).

EXTRA G.; YAĞMUR K. (Hg.) (2004). Urban Multilingualism in Europe. Immigrant Minority Languages at Home and School. Clevendon [u.a.]: Multilingual Matters.

FREY, S. (1997). Mehrsprachigkeit im Klassenzimmer. In: I. GOGOLIN und U. NEUMANN (Hg.): Großstadt-Grundschule. Eine Fallstudie über sprachliche und kulturelle Pluralität als Bedingung der Grundschularbeit. Münster, München [u.a.]: Waxmann (Interkulturelle Bildungsforschung, 1), S. 148–175.

GOGOLIN, I. (2015). Die Karriere einer Kontur – Sprachenportraits. In: İ. DIRIM, I. GOGOLIN, D. KNORR, M. KRÜGER-POTRATZ, D. LENGYEL, H.H. REICH und W. WEISSE (Hg.): Impulse für die Migrationsgesellschaft. Bildung, Politik und Religion. Münster: Waxmann (Bildung in Umbruchsgesellschaften, Bd. 12), S. 294–304.

HUFEISEN, B. (2006). Mehrsprachigkeitsdidaktik. In: U. JUNG (Hg.): Praktische Handreichung für Fremdsprachenlehrer. 4. Auflage. Frankfurt: Peter Lang, S. 530–537.

ILIC, V. (2015). Familiale Lernumwelt von Jugendlichen mit und ohne Migrationshintergrund. Eine empirische Studie zum Zusammenhang zwischen home-literacy-Aktivitäten und bildungssprachlichen Fähigkeiten. Inaugural-Dissertation, 2014. Opladen: Barbara Budrich.

KLIEME, E.; ARTELT, C.; HARTIG, J.; JUDE, N.; KÖLLER, O.; PRENZEL, M. et al. (Hg.) (2010). PISA 2009. Bilanz nach einem Jahrzehnt. Münster: Waxmann.

KRIFKA, M.; BŁASZCZAK, J.; LESSMÖLLMANN, A.; MEINUNGER, A.; STIEBELS, B.; TRACY, R.; TRUCKENBRODT, H. (Hg.) (2014). Das mehrsprachige Klassenzimmer. Über die Muttersprachen unserer Schüler. Berlin, Heidelberg: Springer VS (SpringerLink : Bücher).

LANDESSTIFTUNG BADEN-WÜRTTEMBERG (Hg.) (2007). Frühe Mehrsprachigkeit: Mythen – Risiken – Chancen. Dokumentation zum Kongress am 5. und 6. Oktober 2006 in Mannheim. Online verfügbar unter http://tinyurl.com/pdypxpg, zuletzt geprüft am 19.08.2015.

LASAGABASTER, D. (1998). Metalinguistic awareness and the learning of English as an L3. In: Atlantis 29 (2), S. 69–79.

RAUCH, D.; JURECKA, A.; HESSE, H.-G. (2010). Für den Drittspracherwerb zählt auch die Lesekompetenz in der Herkunftssprache: Untersuchung der Türkisch-, Deutsch- und Englisch-Lesekompetenz bei Deutsch-Türkisch bilingualen Schülern. In: Zeitschrift für Pädagogik 56 (55), S. 78–100.

REICH, H.H. (2011). Schriftsprachliche Fähigkeiten türkisch-deutscher Grundschülerinnen und Grundschüler in Köln. Ein Untersuchungsbericht von Prof. Dr. H.H. Reich. Bezirksregierung Köln. Köln. Online verfügbar unter http://tinyurl.com/ohmvzvq, zuletzt geprüft am 29.09.2015.

RIEHL, C. M. (2014). Mehrsprachigkeit. Eine Einführung. Darmstadt: WBG (Einführung Germanistik).

SORACE, A. (2011). Cognitive advantages in bilingualism: Is there a "bilingual paradox"? In: P. VALORE (Hg.): Multilingualism. Language, power, and knowledge. Pisa: Edistudio, S. 335–358.

TRACY, R. (2009). Multitasking: Mehrsprachigkeit jenseits des „Streitfalls". In: I. GOGOLIN und U. NEUMANN (Hg.): Streitfall Zweisprachigkeit – The bilingualism controversy. Wiesbaden: VS Verlag, S. 163–196.

Kapitel F: Implementierung – Vom ‚Projekt' zur ‚neuen Kultur der Sprachbildung' in der Schule

F 1 Bedingungen für erfolgreiche Entwicklung

Zur Umsetzung durchgängiger Sprachbildung in die Unterrichts- und Schulpraxis liegen – dies sollten die vorigen Kapitel zeigen – viele gute Gründe und so manche gute Idee vor. Eine nachhaltige Übersetzung der Ideen in den praktischen Alltag einer Schule aber kann nicht von heute auf morgen und nicht ohne Weiteres gelingen. Man muss sich dafür Zeit nehmen; es müssen Voraussetzungen geklärt und Ressourcen beschafft werden; Mitstreiter(innen) müssen gewonnen und geeignete Arbeitsformen gefunden werden. Mit anderen Worten: Wenn eine Schule sich aufmacht, durchgängige Sprachbildung zu etablieren, begibt sie sich auf den Weg in die Schulentwicklung. Denn damit durchgängige Sprachbildung erfolgreich und nachhaltig praktiziert werden kann, ist es wichtig, dass sie nicht nur punktuell von einzelnen Kolleg(inn)en, sondern in allen Fächern, in jedem Unterricht durchgeführt wird. Mehr noch: Einer Schule, an der durchgängige Sprachbildung etabliert ist, sieht man dies an. Sie besitzt sprachbildungsförderliche Räume – hier eine einladende Leseecke, dort eine Plakatwand mit künstlerischen Sprachprodukten der Kinder, ästhetisch ansprechend gestaltete Beschriftungen oder Wegweiser und so weiter.

Durchgängige Sprachbildung ist Teil eines Schulentwicklungsprozesses.

Der Vorstellung der durchgängigen Sprachbildung wird mittlerweile in vielen Bildungs- und Rahmen(lehr)plänen sowie den KMK-Empfehlungen für interkulturelle Bildung Rechnung getragen (siehe z.B. Ständige Konferenz der Kultusminister der Länder in der Bundesrepublik Deutschland 2013). Die bildungspolitische und -administrative Ebene hat offenbar den Sinn einer ‚neuen Kultur der Sprachbildung' erkannt.

Für die Etablierung durchgängiger Sprachbildung gibt es kein einheitliches Rezept.

Zu den wesentlichen Gelingensbedingungen zählen: eine starke Schulleitung, Kooperation und Unterstützungssysteme.

Wie aber können Schulen die damit verbundenen Anforderungen (wie ‚Sprachbildung in allen Fächern') praktisch umsetzen und nachhaltig implementieren? Welche Schritte sind dabei zu gehen? Was ist zu beachten? Da sich die einzelnen Schulen sehr voneinander unterscheiden (z.B. hinsichtlich ihrer Größe, der vorhandenen Organisationsstrukturen, der Zusammensetzung der Schülerschaft etc.), gibt es auf diese Fragen keine einfache, allgemeingültige Antwort, kein Rezept. Aber es gibt Erkenntnisse darüber, welche Faktoren bei der Übersetzung von neuen Konzepten in die Praxis der einzelnen Schule *grundsätzlich* eine wichtige Rolle spielen. Zu den in der Forschung immer wieder gefundenen Gelingensbedingungen für eine erfolgreiche Schul- und Unterrichtsentwicklung zählen: a) *eine starke Schulleitung*, b) *Kooperation*, z.B. in professionellen Lerngemeinschaften und c) *Unterstützung von außen*, etwa durch Fortbildungen, Zeit und Raum für Zusammenarbeit etc. (vgl. u.a. Rolff 2011 und Jäger 2008).

Im Hinblick auf die Einführung einer durchgängigen Sprachbildung in den Alltag der Schule werden diese Forschungsergebnisse durch praktische Erfahrung (unter anderem in FörMig und FörMig-Transfer) bestätigt und konkretisiert: Ohne dass bestimmte Rahmenbedingungen hergestellt werden, kann die Verbreitung eines bildungssprachförderlichen Schulklimas und sprachsensibler Unterrichtskonzepte kaum glücken. Für die Prozesse der Entwicklung, Erprobung und Etablierung von Unterrichtskonzepten haben sich ebenfalls bestimmte Vorgehensweisen als hilfreich erwiesen. Aus diesem Erfahrungsschatz berichten wir in diesem Kapitel.

Zunächst stellen wir einige Erkenntnisse vor, die die Rahmenbedingungen eines Innovationsvorhabens (in unserem Fall: die Etablierung durchgängiger Sprachbildung) betreffen; hierbei konzentrieren wir uns auf die Rolle und Funktion der Schulleitung in der Phase der Vorbereitung des Vorhabens. Im Anschluss stellen wir ein praktisch erprobtes Vorgehen bei der Entwicklung und Einführung eines passgenauen Konzepts durchgängiger Sprachbildung für die einzelne Schule vor.[2] Dabei starten wir mit dem ‚Kernteam', das mit der Entwicklung und Erprobung neuer Konzepte Pionierleistungen erbringt und den Weg für die Etablierung dieser in der gesamten Schule bereitet. Abschließend werfen wir einen Blick auf die Phase der Verbreitung im Kollegium und der Verstetigung der entwickelten Konzepte – und auch dabei wieder: auf die wichtige Rolle, die die Schulleitung für das Gelingen spielt.

F 2 Bestandsaufnahme im Vorfeld und das ‚Ja' zum Projekt

Die empirische Schulforschung zeigt, dass die Schulleitung im Hinblick auf Schulqualität und Schuleffektivität eine wichtige Rolle spielt (vgl. u.a. FULLAN 2000; MUIJS et al. 2004; MARZANO et al. 2005; JÄGER 2008; BONSEN 2009; BERKEMEYER und VAN HOLT 2015). Insbesondere, wenn es um die Einführung und Implementierung neuer Konzepte geht, ist die Beteiligung der Schulleitung eine wichtige Gelingensbedingung (vgl. u.a. JÄGER 2008; ROLFF et al. 2009; BONSEN 2011; DAMMANN 2011). Beteiligung der Leitung bedeutet dabei nicht, dass ein Entwicklungsvorhaben nach der Zustimmung bei Beginn der Arbeit stillschweigend geduldet wird. Vielmehr sollte die Schulleitung das Vorhaben aktiv begleiten und im Entwicklungs- und Umsetzungsprozess kontinuierlich unterstützen (vgl. JÄGER 2008, S. 25).

Bevor sich eine Schule für die Einführung eines neuen Konzepts entschließt, sollte geklärt werden, ob dafür ausreichende Kapazitäten zur Verfügung stehen.

Neue Konzepte in die Praxis der eigenen Schule zu übersetzen, verlangt von vielen Beteiligten Kraft und Engagement. Daher ist es ratsam, sich im Vorfeld zu vergewissern, ob die Kräfte für das Vorhaben reichen werden. Zu Beginn des Prozesses sollte daher eine ‚Bestandsaufnahme' durchgeführt werden: Diese sollte zum einen eine systematische Übersicht darüber geben, welche Ressourcen für die Umsetzung von etwas Neuem zur Verfügung stehen (z.B. Lehrkräfte mit einer speziellen Aus- oder Fortbildung zum Thema; Zugang zu Fortbildungsangeboten für weitere Kollegiumsmitglieder etc.). Zum anderen sollte durch die Bestandsaufnahme deutlich werden, welche Ressourcen bereits für *andere* Aktivitäten oder Projekte gebunden sind – also nicht mehr zur Verfügung stehen. Anschließend gilt es abzuwägen, ob dem neuen Vorhaben genügend Ressourcen bereitgestellt und die erforderliche Priorität eingeräumt werden kann. Möglicher-

2 In Anlehnung an die Darstellung in „Professionelle Lerngemeinschaften für die Qualitätsentwicklung von Sprachbildung im Unterricht" HINTZLER et al. (2014).

weise lassen sich verschiedene Vorhaben inhaltlich miteinander verknüpfen und füreinander fruchtbar machen – man denke zum Beispiel an die häufig separat voneinander bearbeiteten Bereiche Inklusion und Sprachbildung. Aber auch auf den ersten Blick nicht naheliegende Verknüpfungen mit bestehenden Projekten sollten auf die Möglichkeit der Zusammenarbeit und wechselseitigen Stärkung überprüft werden. So geht es z.B. in Projekten zur Förderung der mathematischen Fähigkeiten oft auch um sprachliche Aspekte, etwa darum, dass Schüler(innen) ihre Fähigkeiten zum Entschlüsseln von Textaufgaben stärken. Damit geht es hier – zumindest auch – um ein Stück Sprachbildung.

Lassen sich verschiedene Projekte sinnvoll miteinander verknüpfen?

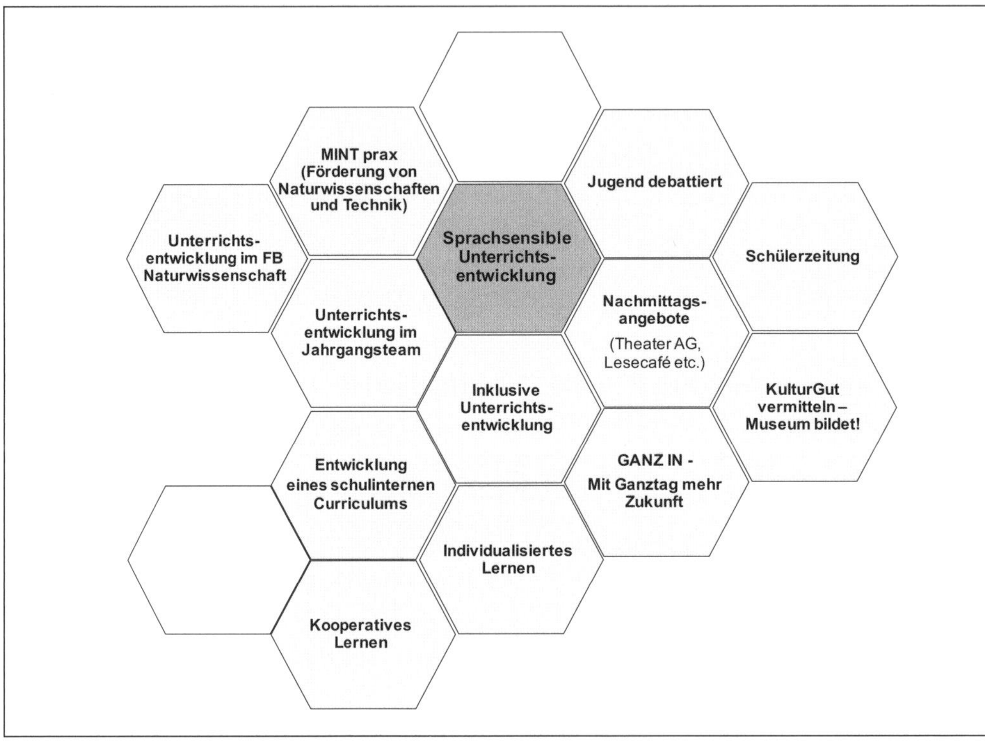

Abbildung 7: Beispiel für eine Bestandsaufnahme im Vorfeld

Wenn am Ende der Bestandsaufnahme Bilanz gezogen wird, kann es auch sein, dass man sich von anderen Projekten trennen oder diese auf einen anderen Zeitpunkt verschieben muss, damit nicht die Gefahr eines ‚Projektinfarkts' droht: Zu viele Projekte auf einmal, zu wenig Abstimmung untereinander, zu geringe Ressourcen für jedes einzelne Projekt – und damit zu wenig Gewinn für alle.

F 3 Wenn die Entscheidung für das Projekt getroffen wurde …

Wie die Unterstützung von Schul- und Unterrichtsentwicklungsprozessen an der eigenen Schule im besten Fall aussehen sollte, haben viele Studien gezeigt (vgl. z.B. Hord 2000; Bonsen 2011; Dammann 2011). In der Phase des Projektbeginns ist die Schulleitung vor allem dafür verantwortlich, die Aktivitäten einer Pioniergruppe anzuregen, die Beteiligten zu ermutigen und zu unterstützen. Dabei übernimmt die Schulleitung zum einen eine organisatorisch-ermöglichende Funktion (Management), zum anderen eine strategisch-herausfordernde Funktion (Leadership) (vgl. u.a. BONSEN 2011, S. 42f.). In der FÖRMIG-Arbeitsgruppe Durchgängige Sprachbildung sind die besten Erfolge mit folgenden Vorgehensweisen erzielt worden:[3]

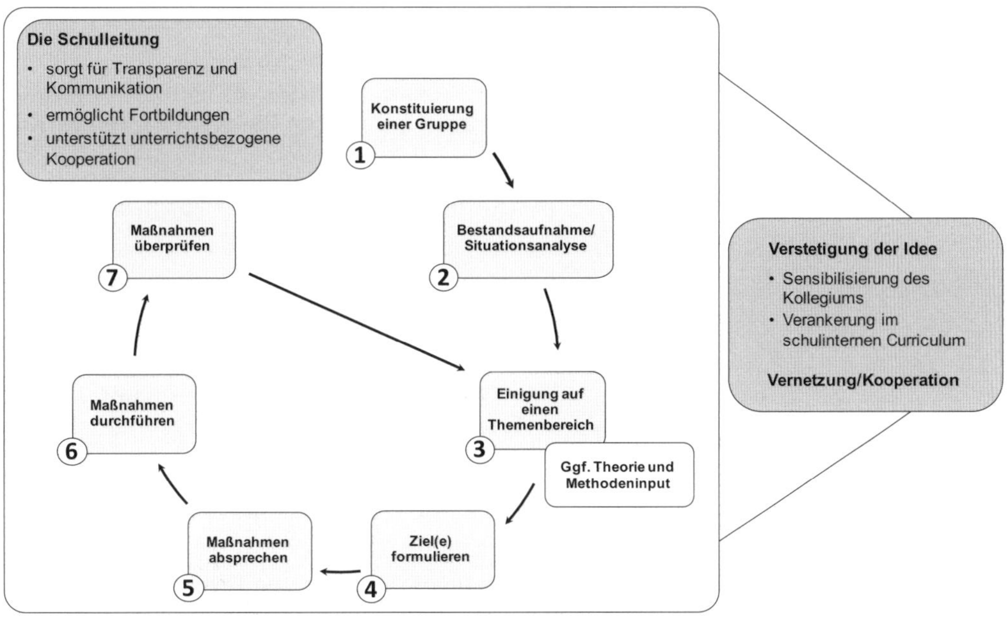

Abbildung 8: Qualitätszirkel für die Entwicklung sprachförderlichen Unterrichts, in Anlehnung an (HINTZLER et al. 2014)

1) Konstituierung einer Projektgruppe

In der AG Durchgängige Sprachbildung hat es sich bewährt, die Arbeit an der Schule in einer Gruppe zu beginnen. Wie sich diese Gruppe am besten zusammensetzt, ist von Schule zu Schule unterschiedlich.

Möglich ist es,
- in einer Jahrgangsstufe (Jahrgangsteams),
- in einem Fach/einer Fächergruppe (Fachteams) oder
- in einer Gruppe interessierter Kolleg(inn)en aus verschiedenen Fächern und Jahrgangsstufen (fächerübergreifende Teams) anzufangen.

Für welche Zusammensetzung man sich entscheidet, sollte vor allem davon abhängen, welche Teamstrukturen und Ressourcen bereits existieren und genutzt werden können (vgl. *Schritt 2: Analyse der Ausgangssituation*).

2) Analyse der Ausgangssituation in der Projektgruppe

Bestandsaufnahme in der Projektgruppe erfolgt auf vier Ebenen: inhaltlich, strukturell, personell und materiell.

Wenn man plant, etwas ‚Neues' einzuführen, liegt es auf der Hand, erst einmal zu prüfen, wie das ‚Alte' eigentlich beschaffen ist und welche Ressourcen bereits vorhanden sind. Auf dieser Grundlage kann dann bestimmt werden, wie man den Weg zum ‚Neuen' gehen kann (Entwicklung strategischer Ziele). Die Bestandsaufnahme sollte auf unterschiedlichen Ebenen – *inhaltlich, personell, strukturell und materiell* – erfolgen.

3 In Anlehnung an die Darstellung in „Professionelle Lerngemeinschaften für die Qualitätsentwicklung von Sprachbildung im Unterricht" HINTZLER et al. (2014).

Inhaltlich:
Im Vordergrund sollte bei der Bestandsaufnahme immer die Frage stehen ‚Was hat sich bewährt und worauf können wir aufbauen'? Diese übergeordnete Frage findet sich auch in folgenden Formulierungen wieder:
- Hat die Schule bereits gute Erfahrung in bestimmten Bereichen der Sprachbildung/Sprachförderung gesammelt, wie z.B. Leseförderung, Theater-AG, Einbeziehung der Mehrsprachigkeit durch Zusammenarbeit mit Eltern oder Migrantenvereinen?
- Mit welchen didaktischen Ansätzen liegen so gute Erfahrungen vor, dass sie unbedingt beibehalten werden sollten?
- Mit welchen Methoden gab es besonders gute Erfolge?
- Gibt es ‚benachbarte' Projekte, die man einbeziehen kann, wie z.B. SINUS – Förderung mathematischer Fähigkeiten, die das Verstehen und Lösen von Textaufgaben einbezieht?

Strukturell:
- Gibt es bereits funktionierende Teamstrukturen, wie z.B. Jahrgangsteams oder Fachteams, die für das Vorhaben genutzt werden können?
- Wie ist die Schule regional eingebunden? Welche Kooperationen existieren, welche sind zu entwickeln (Kita, Nachmittagsangebote, Ganztagsschulbetrieb, Hort)?
- Wie kann man durch die Verknüpfung verschiedener Projekte Synergieeffekte erzielen?

Personell:
Welche Ausgangslage gibt es bei den Mitwirkenden, zum Beispiel:
- Wer verfügt über welche Qualitäten und Qualifikationen?
- Welchen Fortbildungsbedarf gibt es?

Materiell:
- Gibt es einen festen Sitzungsraum?
- Sind Internetanschluss, Kopierer, Druckerpapier etc. verfügbar?
- Auf welche Weise können Ressourcen (z.B. sprachförderliches Unterrichtsmaterial/Literatur zu diesem Thema) gewonnen werden?
- Wo und wie können Arbeitsergebnisse, z.B. Materialzusammenstellungen, Unterrichtskonzepte, sinnvoll aufbewahrt werden?

Hilfreich für die Bestandsaufnahme sind z.B. die Checklisten in:
- *Professionelle Lerngemeinschaften* (Hintzler et al. 2014)
- *Checkliste Durchgängige Sprachbildung* (LaKI 2014)
- *Checkliste zum Stand der Sprachförderung und der Schulentwicklung an Ganztagsschulen in MV* (Regionale Arbeitsstelle für Bildung, Integration und Demokratie (RAA) Mecklenburg-Vorpommern e.V. 2009).

3a) Einigung auf einen Themenbereich

Auf welchen Themenbereich wollen wir uns einigen?

Zunächst sollte entschieden werden, welcher Themenbereich bearbeitet werden soll. In Bezug auf sprachliche Bildung bieten sich verschiedene Entwicklungsschwerpunkte an, wie sie in den Kapiteln B bis E in diesem Heft vorgestellt werden. Denkbar sind zum Beispiel Themenbereiche wie

- Sprechen
- Hören (ein vielfach vernachlässigter Bereich)
- Textrezeption: Lesen, Erschließen und Bewerten von Texten
- Textproduktion: Schreiben, Gestalten und Präsentieren von Texten
- Wortschatzarbeit
- Reflexion über Sprache und Sprachgebrauch
- Einbezug von Mehrsprachigkeit
- …

3b) Inputs, Anregungen von außen

Benötigen wir einen Input von außen, um konkrete Ziele und Maßnahmen festlegen zu können?

Im Anschluss an die Einigung auf einen Themenschwerpunkt sollten konkrete Ziele und Maßnahmen zur Erreichung dieser Ziele festgelegt werden. Je nach Bedarf der beteiligten Kolleg(inn)en kann es sinnvoll und notwendig sein, theoretische und methodische Fragen zu klären. Für die Zielorientierung ist es möglicherweise hilfreich, sich durch einen Input durch einen Experten/eine Expertin inspirieren zu lassen.

Als Ansprechpartner(innen) können zum Beispiel dienen: das jeweilige Landesinstitut oder ein regionales Institut für Lehrerfortbildung, eine Universität oder Hochschule vor Ort, besondere Initiativen wie die landesweiten Koordinierungsstellen (LaKI) in Nordrhein-Westfalen, die Regionale Arbeitsstelle für Bildung, Integration und Demokratie (RAA) in Mecklenburg-Vorpommern und Berlin, etc.

Zusätzlich können Sie im FörMig-Expertenpool nach Personen suchen, die besondere Erfahrungen zu speziellen Themen einbringen können: http://tinyurl.com/qas7htk.

4) Festlegung und Formulierung klarer Ziele

Um den gewählten Entwicklungsschwerpunkt umzusetzen, sollten in einem nächsten Schritt einzelne Ziele weiter konkretisiert werden. Eine Konzentration auf eine begrenzte Anzahl an Zielen hat sich als besonders erfolgversprechend erwiesen (vgl. Muijs et al., 2004, S. 153).

Die Ziele sollten einen erwünschten Zustand in der Zukunft beschreiben und positiv formuliert sein. Zum Beispiel: „In diesem Schuljahr findet jeden ersten Dienstag im Monat zwischen 9 und 10 Uhr die ‚Lesende Schule' statt. Zu dieser Zeit lesen alle, die in der Schule anwesend sind." Es werden Indikatoren benannt, anhand derer überprüft werden kann, ob und inwieweit die Ziele erreicht worden sind (z.B. durch gezielte Unterrichtsbeobachtung, Auswertung von Schülerarbeiten, Vergleichsarbeiten etc.).

Die Ziele sollten **smart** sein[4], d.h.

spezifisch:	Konkrete (Teil-)Ziele sind angegeben, sie sind eindeutig formuliert.
messbar:	Der Grad der Zielerreichung lässt sich beobachten oder messen. Indikatoren sind benannt.
akzeptiert:	Das Ziel ist attraktiv. Ein Minimalkonsens im Kollegium liegt vor.
realistisch:	Die Ziele sind unter den gegebenen Rahmenbedingungen erreichbar.
terminiert:	Ein Zeitpunkt für die Zielerreichung ist angegeben.

Um Verbindlichkeit zu erreichen, hat es sich bewährt, die Ziele (z.B. in Form einer *Zielvereinbarung*) schriftlich festzuhalten:

Ziele	Maßnahmen	Indikatoren
Welche Veränderungen sollen sich einstellen?	Wie, womit oder wodurch wollen wir dieses Ziel erreichen?	Woran werden wir erkennen, dass diese Veränderungen eingetreten sind?

Abbildung 9: Zielvereinbarung aus (MUSTER-WÄBS und SPETHMANN 2007)

5) Schritte zur Zielerreichung (Maßnahmen) absprechen

Methoden und Maßnahmen zur Erreichung der Ziele werden festgelegt. Sie werden so weit konkretisiert, dass einzelne Aufgaben benannt werden können. Für jede Aufgabe soll festgelegt werden, was genau von wem bis wann mit welcher Unterstützung getan werden soll (vgl. dazu JÄGER 2008, S. 30f.). Es sich bewährt, die einzelnen Aufgaben schriftlich festzuhalten, z.B. in einem Plan, aus dem die Verantwortlichkeiten und Termine hervorgehen. Verantwortlichkeiten sollten über die Mitglieder der Gruppe fair verteilt sein. Bei der zeitlichen Planung ist es wichtig, Belastungsphasen (z.B. Prüfungszeiten, Zeugniskonferenzen), Ressourcenkonflikte oder Überschneidungen einzukalkulieren.

Hilfreich:

- Als Anregung für ein Planungsraster kann das Instrument ‚Zielvereinbarung' im FÖRMIG-Toolkit dienen (FÖRMIG-KOMPETENZZENTRUM 2011): http://tinyurl.com/z79s6wh

6) Maßnahmen umsetzen

Nun gilt es dafür zu sorgen, dass die Maßnahmen im dafür vorgesehenen Zeitraum in die Tat umgesetzt werden. Dabei kann es sehr sinnvoll sein, Unterrichtshospitationen durchzuführen, um sich gegenseitig Feedback geben zu können (siehe dazu auch: Kapitel F 4.1 Fortlaufende Unterstützung durch die Schulleitung).

4 SMARTE Zieldefinition in Anlehnung an REESE (2007).

Hilfreich für die wechselseitige Unterrichtshospitation:

- Unterrichtsbeobachtungsbögen aus dem *KUR-Manual für Kollegiale Unterrichtsreflexion* (MUSTER-WÄBS und SPETHMANN 2007, S. 14ff.).

7) Ziele überprüfen

Anhand der festgelegten Indikatoren wird nach Ablauf des geplanten Zeitraumes überprüft, ob das Ziel erreicht worden ist. Folgende Fragen sollten erörtert werden:

- Was ist gelungen? Was hat sich bewährt?
- Was hat sich im Prinzip bewährt, sollte aber noch optimiert werden (und wie)?
- Welche inhaltlichen oder formalen, organisatorischen Gründe gab es, die verhindert haben, dass ein Ziel erreicht wurde?

Wenn das Vorhaben wie geplant realisiert werden konnte, kann ein neuer oder nächster Entwicklungsschwerpunkt gewählt werden – dann geht der Prozess wieder mit der *Einigung auf einen Themenschwerpunkt* weiter. Parallel dazu sollte überlegt werden, wie das Bewährte in der Schule verbreitet werden kann (etwa: welche Jahrgangsstufe oder Fachgruppe eignet sich, um als nächste die erarbeiteten Methoden/Entwicklungen zu erproben? Wie kann das Erprobte verbindlich in das Curriculum der Schule verankert werden?) (vgl. dazu auch Kapitel F 5: Transfer in das gesamte Kollegium).

Wurde das festgelegte Ziel nicht erreicht, müssen zunächst die Ursachen für die Nichterreichung identifiziert werden. Im Anschluss daran gilt es zu prüfen, ob ein neuer Entwicklungsschwerpunkt formuliert werden muss oder ob es besser ist, die bisherigen Zielformulierungen zu ändern und neue Schritte zur Zielerreichung festzulegen.

Hilfreich für die Überprüfung der Ziele:

- Auswertungsbogen zur Umsetzung sprachförderlicher Maßnahmen und Notierhilfe zur Zielüberprüfung (HINTZLER, MEHLIN, WECKOWSKI 2014, S. 14f.).
- Zielentwicklungsbogen im *FÖRMIG-Toolkit* (FÖRMIG-KOMPETENZZENTRUM 2011), http://tinyurl.com/z79s6wh.

F 4 Gelingensbedingungen für die Implementation sprachsensibler Unterrichtsentwicklung

Nichts ist frustrierender, als wenn nach mehreren Projektjahren die in der Projektgruppe mühevoll erarbeiteten Ergebnisse in der Schublade landen. Um das zu verhindern, sollte von vornherein mitgeplant werden, wie die Entwicklungen während der ‚Projektphase' im Kollegium bekannt gemacht und im Anschluss daran weiter verbreitet oder: in der Schule implementiert werden können.

F 4.1 Fortlaufende Unterstützung durch die Schulleitung

In den FÖRMIG-Transfer-Projekten haben folgende konkreten Aktivitäten der Schulleitungen immer wieder als besonders wichtig herauskristallisiert:

Für Transparenz und Kommunikation sorgen

Die Schulleitung sorgt für Transparenz und kommuniziert die Ziele und den Fortgang des Vorhabens.

Wenn die Entscheidung für das Projekt gefallen ist, sollte nicht nur das Kollegium ‚an Bord geholt' werden, sondern auch die weitere Schulgemeinschaft. Durchgängige Sprachbildung geht auch die Eltern etwas an, und die Schülerinnen und Schüler sollten über das Vorhaben – auf eine ihnen zugängliche Weise – ins Bild gesetzt werden. Und wahrscheinlich ist auch das weitere pädagogische und nichtpädagogische Personal von den Plänen betroffen: Wenn etwa Wände und Hinweisschilder neu gestaltet oder gemeinsame Lesezeiten etabliert werden sollen, aber auch wenn es darum geht, Partner und Sponsoren für das neue Vorhaben zu gewinnen oder den Ganztagsbetrieb in die durchgängig Sprachbildung einzubeziehen.

Wichtig ist, dass die Inhalte und die geplante Umsetzung des Projekts allen Beteiligten (Lehrkräften, anderem pädagogischen Personal, Eltern sowie Schülerinnen und Schülern) zu einem frühen Zeitpunkt mitgeteilt und transparent gemacht werden.

Während der Laufzeit des Projekts sollte die Schulleitung immer wieder die Bedeutung der Arbeit der Projektgruppe an geeigneten Stellen, z.B. in Schulkonferenzen, Fachkonferenzen etc., hervorheben (vgl. PALLACK et al. 2009, S. 101) und das gesamte Kollegium über aktuelle Entwicklungen auf dem Laufenden halten. Dazu bietet es sich beispielsweise an, der Projektgruppe einen festen Tagesordnungspunkt bei Konferenzen zuzuweisen, damit sie über den Fortgang der Arbeit berichten kann.

Unterstützung der Professionalisierung des Kollegiums

Die Schulleitung ermöglicht Fortbildungen.

Zu den strategischen Aufgaben der Schulleitung gehört es, die Professionalisierung der Lehrkräfte hinsichtlich sprachlicher Bildung zu unterstützen. Es ist nicht unbedingt davon auszugehen, dass sich beispielsweise eine Mathematiklehrerin mit den Stolpersteinen der deutschen Bildungssprache auskennt oder ein Kunstlehrer umfassendes Wissen über die Grammatik des Deutschen besitzt. Daher müssen den Mitwirkenden bedarfsgerechte schulinterne und -externe Fortbildungen ermöglicht werden (vgl. BONSEN 2011, S. 43). Bewährt haben sich auch Modelle, in denen Peer-to-Peer-Qualifizierung erfolgt. So können beispielsweise kleine Gruppen aus Deutsch- oder DaZ-Lehrkräften, und Fachlehrkräften gebildet werden, die sich gegenseitig darüber in Bild setzen, welche Anforderungen ein Unterrichtsvorhaben sowohl aus fachlicher als auch aus sprachlicher Sicht beinhaltet.

Unterstützung unterrichtsbezogener Kooperation

Die Schulleitung ermöglicht gegenseitige Hospitationen.

Die Schulleitung ermöglicht und unterstützt die gemeinsame Unterrichtsentwicklung im Kollegium. Sie schafft die dazu notwendigen Strukturen und Rahmenbedingungen. Dazu gehört beispielsweise die Bereitstellung von Team-Räumen oder die Vereinbarung regelmäßiger, fester Kooperationszeiten (vgl. BONSEN 2011, S. 43).

Zudem wird den beteiligten Lehrkräften ermöglicht, gegenseitig im Unterricht zu hospitieren. Das bedeutet, dass schon bei der Stundenplanung die Arbeitszeiten der beteiligten Lehrkräfte zeitlich so abgestimmt werden (z.B. durch das Umlegen von Freistunden), dass eine Gelegenheit für gegenseitige Unterrichtsbesuche besteht (vgl. MUIJS et al. 2004, S. 162).

Wenn die Rahmenbedingungen geschaffen wurden, ist es Aufgabe der Schulleitung, für Verbindlichkeit zu sorgen. Sie kann die aktive Beteiligung an der Kooperation einfordern und Zielvereinbarungen treffen, um das Erreichen der Ziele zu unterstützen, zu dokumentieren und auch zu kontrollieren (vgl. PALLACK et al. 2009, S. 102).

F 4.2 Kooperation und Vernetzung

Dass unterrichtsbezogene Kooperation eine Voraussetzung für die Verbreitung von innovativen und erfolgversprechenden Unterrichtskonzeptionen ist, haben Projekte wie FÖRMIG und SINUS/SINUS-Transfer gezeigt. Dennoch ist Kooperation – in diesem Fall: gemeinsame Unterrichtsentwicklung – unter Lehrkräften in der Tradition vieler Schulen noch nicht verankert: „Gegenseitige Hilfen gehen über gewisse Praxistipps oder den gelegentlichen Austausch von Materialien selten hinaus" (vgl. PALLACK et al. 2009, S. 96).

Kooperation endet gewiss nicht auf Schulebene: Bei der Arbeit in der FÖRMIG-AG Durchgängige Sprachbildung haben sich insbesondere der Austausch und die Zusammenarbeit von Lehrkräften aus Schulen in verschiedenen Bundesländern als aktivierend und bereichernd erwiesen. So können auch Ressourcen gespart werden, zum Beispiel durch die gemeinsame Organisation von Fortbildungen.

Da wir uns in der Arbeitsgruppe nur am Rande mit den Themen der Vernetzung und Kooperation beschäftigt haben, empfehlen wir dazu die Lektüre von *Qualitätsmerkmale für Sprachbildungsnetzwerke* (DOBUTOWITSCH et al. 2013).

F 5 Transfer in das gesamte Kollegium

Sprachsensible Unterrichtsgestaltung als ‚Normalfall' zu verstetigen erfordert, dass die Aufgaben nicht an engagierte Einzelpersonen gekoppelt bleiben, sondern in den Prozessen und Strukturen der Schule fest verankert werden. Dieser Schritt ist nicht einfach – aber auch keineswegs aussichtslos. Die meisten Schulen, die zwischen 2011 und 2013 in der AG Durchgängige Sprachbildung mitgearbeitet haben, sind dabei diese Herausforderung zu meistern.

Bei der Zusammenarbeit in der AG haben wir uns an theoretischen Erkenntnissen über den Transfer von Innovationen orientiert, wie sie z.B. in Kapitel 2 und 3 in JÄGER 2008 nachgelesen werden können. Das oben skizzierte Vorgehen und die Unterstützung der Schulleitung bieten eine gute

Ausgangslage dafür, dass die Verbreitung des Erreichten in der Schule gute Chancen hat und auf offene Ohren stößt.

Zusätzlich haben die an unserem Projekt beteiligten Schulen aufgrund der eigenen Erfahrung einhellig auf folgendes hingewiesen: Nur wenn die Kolleg(inn)en den Eindruck gewinnen, dass die sprachbildenden Unterrichtsmethoden für ihre eigene Praxis und für das Vorankommen der Schülerinnen und Schüler einen Nutzen haben, werden sie gewillt sein, neue Methoden oder Vorgehensweisen auszuprobieren. Auf dem Weg dahin haben sich folgende Aktivitäten bewährt:

Sensibilisierung des Kollegiums
Wenn, wie in 4.1 beschrieben, Transparenz über das Projekt hergestellt wurde, sollte das Kollegium über die Anliegen und Grundzüge der durchgängigen Sprachbildung bereits gut informiert sein. Es hat sich aber darüber hinaus als hilfreich erwiesen, das gesamte Kollegium mit dem Thema gründlicher vertraut zu machen, zum Beispiel im Rahmen einer schulinternen Lehrerfortbildung. Hierbei kann es erneut sinnvoll sein, externe Expert(inn)en von außen einzuladen, die in das Thema einführen, indem sie zum Beispiel die Zusammenhänge zwischen sprachlicher Bildung und Schulerfolg oder die Unterschiede zwischen Alltags- und Bildungssprache anschaulich und praxisnah erläutern.

Verankerung im schulinternen Curriculum
Um sprachliche Bildung tatsächlich nachhaltig in der Schule zu etablieren, gibt es vielfältige Möglichkeiten. In unserer AG gab es vor allem zwei Herangehensweisen:

- Der Einsatz bestimmter sprachförderlicher Methoden wurde im schulinternen Curriculum fächerspezifisch festgeschrieben. Zum Beispiel: Im Fach Geographie wird in Jahrgang 5 beim Thema ‚Ägypten' von allen Lehrkräften der ‚Lesenavigator' eingeführt und der Umgang mit diesem geübt. In Jahrgangsstufe 7 werden im Fach Mathematik bei der Konstruktion von Vielecken die Operatoren ‚zeichnen' und ‚skizzieren' eingeführt und genau verwendet.
- Es wurde ein arbeitsteiliges Vorgehen verabredet: Unterschiedliche Aspekte durchgängiger Sprachbildung wurden mit dem Unterricht in dafür geeigneten Fächern oder Lernbereichen verknüpft. Zum Beispiel gehört es zur durchgängigen Sprachbildung, dass die Schüler(innen) mit Strategien vertraut werden, die ihnen helfen, Texte zu erschließen und Verständnislücken eigenständig zu beseitigen, indem sie sich dafür geeigneter Hilfsmittel bedienen. Die Vermittlung und Einübung der entsprechenden Strategien kann mit einem bestimmten Lernbereich oder Fach verbunden werden. z.B. ‚Lernen Lernen' oder ‚Besondere Vorhaben'. Diese Fächer sind dazu da, die Schüler(innen) mit allgemeinen Methoden vertraut zu machen (wie z.B.: Nachschlagen in Wörterbüchern; Recherchieren im Internet). Spezifische Strategien und Techniken können hierauf aufbauend in den Unterrichtsfächern vermittelt werden.

Der Weg von einem Projekt der durchgängigen Sprachbildung zu ihrer Selbstverständlichkeit im Alltag einer Schule – also zur Verankerung einer ‚neuen Kultur der Sprachbildung' in der Schule insgesamt – ist sicherlich nicht leicht zu gehen, und es bedarf des Engagements und der Anstrengung vieler Beteiligter. Sich auf diesen Weg zu begeben, erfordert auch Geduld – nicht zuletzt: mit sich selbst.

Praktische Literatur

Dobutowitsch, F.; Neumann, U.; Michel, U. & Salem, T. (2013). Netzwerke für durchgängige Sprachbildung 2. Qualitätsmerkmale für Sprachbildungsnetzwerke. Münster: Waxmann (FörMig-Material, Bd. 6).

FörMig-Kompetenzzentrum (2011). FörMig-Toolkit. Instrumente zur Unterstützung kooperativer Entwicklungsarbeit für eine durchgängige Sprachbildung. Hamburg. Online verfügbar unter http://tinyurl.com/z79s6wh.

Hintzler, K.-J.; Mehlin, S.; Weckowski, D. (2014). Professionelle Lerngemeinschaften für die Qualitätsentwicklung von Sprachbildung im Unterricht. Eine Handreichung für Berater/-innen, Multiplikatorinnen und Multiplikatoren, Sprachbildungskoordinatoren und -koordinatorinnen. Unter Mitarbeit von A. Schulz. Hg. v. Senatsverwaltung für Bildung, Jugend und Wissenschaft Berlin. Berlin (Materialien zur Durchgängigen Sprachbildung). Online verfügbar unter: http://tinyurl.com/nt9q4vf, zuletzt geprüft am 06.05.2014.

Jäger, M. (2008). Wenn Ideen Schule machen. Anregungen zum Transfer von FörMig-Prinzipien und bewährter Praxis. Münster: Waxmann (FörMig-Material, Bd. 1).

Landesweite Koordinierungsstelle Kommunale Integrationszentren NRW (LaKI) (2014). Checkliste Durchgängige Sprachbildung und interkulturelle Schulentwicklung. Dortmund.

Muster-Wäbs, H.; Spethmann, E. (2007). KUR – Kollegiale Unterrichtsreflexion. Ein Manual für Kolleginnen und Kollegen. Hamburg. Online verfügbar unter http://tinyurl.com/n9ly4xf, zuletzt geprüft am 17.06.2015.

Regionale Arbeitsstelle für Bildung, Integration und Demokratie (RAA) Mecklenburg-Vorpommern e.V. (Hg.) (2009). Organisation und Methoden der Sprachförderung DaZ in der Sekundarstufe I in Mecklenburg-Vorpommern. Von der Einzelförderstunde zur integrierten individuellen Sprachförderung. Eine Handreichung. Online verfügbar unter http://tinyurl.com/ox9asbn, zuletzt geprüft am 17.06.2015.

Wissenschaftliche Literatur

Berkemeyer, N. & van Holt, N. (2015). Zwischen Netzwerk und Einzelschule – Transfer- und Implementationsprozesse im Projekt Schulen im team. In: N. Berkemeyer, W. Bos, H. Järvinen, V. Manitius, & N. van Holt (Hg.): Netzwerkbasierte Unterrichtsentwicklung. Ergebnisse der wissenschaftlichen Begleitforschung zum Projekt *Schulen im Team* (S. 69–118). Münster: Waxmann (Netzwerke im Bildungsbereich, Bd. 7).

Bonsen, M. (2009). Schulleitung, Effektivität und Unterrichtsentwicklung – Was wissen wir über diesen Zusammenhang? In: H.-G. Rolff; E. Rhinow & T. Röhrich (Hg.): Unterrichtsentwicklung – Eine Kernaufgabe der Schule. Die Rolle der Schulleitung für besseres Lernen. Eine Veröffentlichung der Dortmunder Akademie für Pädagogische Führungskräfte (DAPF) der Technischen Universität Dortmund. Köln: LinkLuchterhand, S. 44–58.

BONSEN, M. (2011). Wie Schulleitungen an der Entwicklung des Schulsystems mitwirken. In: FRIEDRICH-EBERT-STIFTUNG – NETZWERK BILDUNG (Hg.): Schulentwicklung zwischen Autonomie und Kontrolle. Wie verändern wir Schule wirklich? (S. 42–47). Berlin: Friedrich-Ebert-Stiftung (Schriftenreihe des Netzwerk Bildung, Bd. 22).

DAMMANN, M. (2011). Die Rolle der Schulleitung bei der Schul- und Unterrichtsentwicklung. In: FRIEDRICH-EBERT-STIFTUNG – NETZWERK BILDUNG (Hg.): Schulentwicklung zwischen Autonomie und Kontrolle. Wie verändern wir Schule wirklich? Berlin: Friedrich-Ebert-Stiftung (Schriftenreihe des Netzwerk Bildung, 22), S. 48–53. Online verfügbar unter http://library.fes.de/pdf-files/studienfoerderung/08419.pdf, zuletzt geprüft am 05.05.2015.

FULLAN, M. (2000). The Role of the Principal in School reform. Principals Institute at Bank Street College New York, New York 10th Year Celebration – November 9, 2000. Adapted from M. Fullan, The New Meaning of Educational Change, 3rd Edition Teachers College Press, 2001. Online verfügbar unter http://www.michaelfullan.ca/media/13396042460.pdf, zuletzt geprüft am 06.05.2015.

HORD, S.M. (2000). Leadership: An Imperative for Successful Change. In: Issues... About Change 1 (2), S. 1–6. Online verfügbar unter http://www.sedl.org/change/issues/issues12/issues-v1n2.pdf.

MARZANO, R.J.; WATERS, T. & MCNULTY, B.A. (2005). School leadership that works. From research to results. Alexandria, VA: Association for Supervision and Curriculum Development.

MUIJS, D.; HARRIS, A.; CHAPMAN, C.; STOLL, L. & RUSS, J. (2004). Improving Schools in Socioeconomically Disadvantaged Areas – A Review of Research Evidence. School Effectiveness and School Improvement: An International Journal of Research, Policy and Practice, 15(2), 149–175.

PALLACK, A.; VOM HOFE, R.; JORDAN, A. & TRENDEL, G. (2009). SINUS. NRW – Impulse für die Fachgruppenarbeit und die Rolle der Schulleitung. In: H.-G. ROLFF; E. RHINOW & T. RÖHRICH (Hg.): Unterrichtsentwicklung – Eine Kernaufgabe der Schule. Die Rolle der Schulleitung für besseres Lernen. Eine Veröffentlichung der Dortmunder Akademie für Pädagogische Führungskräfte (DAPF) der Technischen Universität Dortmund (S. 104–113). Köln: LinkLuchterhand.

REESE, M. (2007). Schulmanagement konkret. Bd. 9: Wie macht man gute Schule? Basiswissen zum schulinternen Qualitätsmanagement. Neuwied [u.a.]: Luchterhand in Wolters Kluwer Deutschland.

ROLFF, H.-G. (2011). Wie verändern wir Schule wirklich? Gelingensbedingungen für erfolgreiche Schulentwicklung. In: FRIEDRICH-EBERT-STIFTUNG – NETZWERK BILDUNG (Hg.): Schulentwicklung zwischen Autonomie und Kontrolle. Wie verändern wir Schule wirklich? (S. 23–32). Berlin: Friedrich-Ebert-Stiftung (Schriftenreihe des Netzwerk Bildung, Bd. 22).

ROLFF, H.-G.; RHINOW, E. & RÖHRICH, T. (Hg.) (2009). Unterrichtsentwicklung – Eine Kernaufgabe der Schule. Die Rolle der Schulleitung für besseres Lernen. Eine Veröffentlichung der Dortmunder Akademie für Pädagogische Führungskräfte (DAPF) der Technischen Universität Dortmund. Köln: LinkLuchterhand

STÄNDIGE KONFERENZ DER KULTUSMINISTER DER LÄNDER IN DER BUNDESREPUBLIK DEUTSCHLAND (2013). Interkulturelle Bildung und Erziehung in der Schule. Beschluss der Kultusministerkonferenz vom 25.10.1996 i. d. F. vom 05.12.2013. http://tinyurl.com/noeg7sp, zuletzt geprüft am 18. Juni 2015.

Ansprechpartner(innen) aus dem FörMig-Transferprojekt

Baran, Sibel
Mathematik, Türkisch, Gesellschaft, Informatik
Stadtteilschule Wilhelmsburg, Hamburg
✉ frau.baran@stadtteilschule-wilhelmsburg.de

Baris-Yalcinkaya, Zeynep
Deutsch, Sport, Sachunterricht, Religion
Stadtteilschule Wilhelmsburg, Hamburg
✉ zeynepbaris@gmx.de

Bernhardt, Cornelia
Schulleiterin
Krusensternschule, Rostock
✉ krusensternschule@web.de

Biere, Udo
Mathematik, Sport
Integrierte Gesamtschule Hannover-Linden
✉ udo.biere@igs-linden.eu

Dausel, Simone
Schulleiterin
Gemeinschaftsgrundschule Styrum, Mülheim
✉ simone.dausel@muelheim-ruhr.de

Fiehn, Udo
Schulleiter
Robert-Blum-Gymnasium, Berlin
✉ fiehn@robert-blum-schule.de

Gogolin, Ingrid
Professorin für Interkulturelle und International Vergleichende Erziehungswissenschaft
Universität Hamburg
✉ gogolin@uni-hamburg.de

Jaeger, Ulf
Mathematik, Physik
Robert-Blum-Gymnasium, Berlin
✉ sekretariat@robert-blum-schule.de

Kleinen (geb. Stranc), Saskia
Mathematik, Kunst, Naturwissenschaften
Stadtteilschule Wilhelmsburg, Hamburg
✉ frau.kleinen@stadtteilschule-wilhelmsburg.de

Kubsch, Olga
Englisch, Russisch (Herkunftssprachenunterricht)
Werner-von-Siemens-Gymnasium, Großenhain
✉ siemens.gymnasium@arcor.de

Leitzke, Sophie
Mathematik, Deutsch (als Zweitsprache)
Schulcampus Rostock-Evershagen
✉ sophie.leitzke@schulcampus-rostock.de

Lengyel, Drorit
Professorin für Interkulturelle und International Vergleichende Erziehungswissenschaft
Universität Hamburg
✉ drorit.lengyel@uni-hamburg.de

Neumann, Ursula
Professorin für Interkulturelle und International Vergleichende Erziehungswissenschaft
Universität Hamburg
✉ ursula.neumann@uni-hamburg.de

Oelze, Sina
Englisch, Russisch, Deutsch als Zweitsprache
Werner-von-Siemens-Gymnasium, Großenhain
✉ siemens.gymnasium@arcor.de

Scherf, Martina
Mathematik, Geographie
Krusensternschule, Rostock
✉ krusensternschule@web.de

Tuschner, Gerald
Schulleiter, Mathematik, Physik
Schulcampus Rostock-Evershagen
✉ gerald.tuschner@schulcampus-rostock.de

DVD-Inhalt
Sprachförderlicher Unterricht. Erfahrungen und Beispiele

Tinyurl

Kapitel A

Literatur

http://tinyurl.com/osqohrn: http://www.hamburg.de/contentblob/2372618/data/lb gesellschaftswissenschaften-sts.pdf

http://tinyurl.com/ndpnmal: https://www.foermig.uni-hamburg.de/pdf-dokumente/apollonia-portait.pdf

http://tinyurl.com/p2lakha: http://www.schulentwicklung.nrw.de/referenzrahmen/upload/download/Referenzrahmen_Veroeffentlichung.pdf

http://tinyurl.com/noeg7sp:
http://www.kmk.org/fileadmin/veroeffentlichungen_beschluesse/1996/1996_10_25-Interkulturelle-Bildung.pdf

Kapitel B

B 2

http://tinyurl.com/pqj5mh7: http://www.foermig-berlin.de/materialien/Stolpersteine.pdf

http://tinyurl.com/qhn3l8n: http://www.raa-mv.de/sites/default/files/DaZ_prax2_2012_web_0.pdf

B 2.1

http://tinyurl.com/qhn3l8n: www.raa-mv.de/sites/default/files/DaZ_prax2_2012_web_0.pdf

http://tinyurl.com/nm4rfuc: http://www.schulentwicklung.nrw.de/materialdaten bank/upload/2975/947526_X01_Beobachtungsraster_Fachunterricht.pdf

B 3.1

http://tinyurl.com/hf77fau:
http://li.hamburg.de/contentblob/4332742/data/pdf-handreichung-durchgaengige-sprachbildung.pdf

http://tinyurl.com/qhn3l8n: http://www.raa-mv.de/sites/default/files/DaZ_prax2_2012_web_0.pdf

http://tinyurl.com/grxep7c:
http://li.hamburg.de/contentblob/3861102/data/pdf-durchgaengige-sprachbildung-am-beispiel-der-operatoren.pdf

B 3.2

http://tinyurl.com/hdspjyu: http://www.foermig-berlin.de/materialien/Web_Mit_der_Sprache.pdf

http://tinyurl.com/zssncl3: http://www.mathematik.uni-dortmund.de/~prediger/veroeff/15-MNU-Textaufgabenknacker-Kraegeloh-Prediger.pdf?id=20&cHash=1&buchnr=2602

B 4.1

http://tinyurl.com/qhn3l8n: http://www.raa-mv.de/sites/default/files/DaZ_prax2_2012_web_0.pdf

http://tinyurl.com/hf77fau: http://li.hamburg.de/contentblob/4332742/data/pdf-handreichung-durchgaengige-sprachbildung.pdf

B 6

http://tinyurl.com/jcyyphq: https://www.foermig.uni-hamburg.de/bildungssprache/fachunterricht.html

http://tinyurl.com/p5pqz4u:
http://www.lerndialoge.ch/index.php/mathematik-kopie/articles/kurvendiskussion.html

http://tinyurl.com/hgd24yg: http://www.foermig-berlin.de/materialien.html

http://tinyurl.com/zvn9992: http://li.hamburg.de/faecher-und-lernbereiche/sprachbildung/material/

http://tinyurl.com/ztmk237: http://bildungsserver.berlin-brandenburg.de/themen/sprachbildung/

http://tinyurl.com/zbdae7s: https://www.uni-due.de/prodaz/materialien.php

Praktische Literatur

http://tinyurl.com/hdspjyu: http://www.foermig-berlin.de/materialien/Web_Mit_der_Sprache.pdf

http://tinyurl.com/grxep7c: http://li.hamburg.de/contentblob/3861102/data/pdf-durchgaengige-sprachbildung-am-beispiel-der-operatoren.pdf

http://tinyurl.com/zssncl3: http://www.mathematik.uni-dortmund.de/~prediger/veroeff/15-MNU-Textaufgabenknacker-Kraegeloh-Prediger.pdf?id=20&cHash=1&buchnr=2602

http://tinyurl.com/hf77fau: http://li.hamburg.de/contentblob/4332742/data/pdf-handreichung-durchgaengige-sprachbildung.pdf

http://tinyurl.com/pqj5mh7: http://www.foermig-berlin.de/materialien/Stolpersteine.pdf

http://tinyurl.com/zfq29vx: http://www.mathematik.uni-dortmund.de/~prediger/veroeff/12-Prediger_Wessel_PM-H45-Webversion.pdf

http://tinyurl.com/qhn3l8n: www.raa-mv.de/sites/default/files/DaZ_prax2_2012_web_0.pdf

http://tinyurl.com/z8odnwf: http://bildungsserver.berlin-brandenburg.de/index.php?id=publikation_sprachsensibler_fachunterricht

http://tinyurl.com/qhn3l8n: http://www.raa-mv.de/sites/default/files/DaZ_prax2_2012_web_0.pdf

http://tinyurl.com/nm4rfuc:_http://www.schulentwicklung.nrw.de/material datenbank/upload/2975/947526_X01_Beobachtungsraster_Fachunterricht.pdf

Wissenschaftliche Literatur

http://tinyurl.com/pxqcgk2:_https://www.google.de/url?sa=t&rct=j&q=&esrc=s&source=web&cd=1&ved=0ahUKEwi9-e_pz YPKAhVHlQ8KHWxDAy0QFggdMAA&url=https%3A%2F%2Fwww.iqesonline.net%2Fdownload.cfm%3Fid%3Db87dcee6-1517-6208-bea7-578c23e6af4e&usg=AFQjCNGob4HVT-cJ59hb231T0VTad1FY9Q&cad=rja_

http://tinyurl.com/zmzwbze: https://www.ew.uni-hamburg.de/ueber-die-fakultaet/personen/gogolin/pdf-dokumente/mathe-bericht.pdf

http://tinyurl.com/zaovtxl: https://www.aea267.k12.ia.us/system/assets/uploads/files/1467/classroomquestioningresearch.pdf

http://tinyurl.com/zh5u2tx: https://www.ph-freiburg.de/fileadmin/dateien/mitarbeiter/hagemannfr/Zuerichstudie_Endfassung_2011_11_29.pdf

Kapitel C

C 1

http://tinyurl.com/zxmod2m: http://bildungsserver.berlin-brandenburg.de/fileadmin/bbb/unterricht/unterrichtsentwicklung/Durchgaengige_Sprachbildung/Publikationen_sprachbildung/Wortschatz_entdecken_2013.pdf

C 2

http://tinyurl.com/z8odnwf: http://bildungsserver.berlin-brandenburg.de/index.php?id=publikation_sprachsensibler_fachunterricht

C 3

http://tinyurl.com/qhn3l8n: http://www.raa-mv.de/sites/default/files/DaZ_prax2_2012_web_0.pdf

Literaturverzeichnis

http://tinyurl.com/zxmod2m: http://bildungsserver.berlin-brandenburg.de/fileadmin/bbb/unterricht/unterrichtsentwicklung/Durchgaengige_Sprachbildung/Publikationen_sprachbildung/Wortschatz_entdecken_2013.pdf

http://tinyurl.com/z6uk6vm: http://li.hamburg.de/contentblob/3821414/data/pdf-sprachbildung-durch kooperative-lernformen.pdf

http://tinyurl.com/qhn3l8n: http://www.raa-mv.de/sites/default/files/DaZ_prax2_2012_web_0.pdf

http://tinyurl.com/z8odnwf: http://bildungsserver.berlin-brandenburg.de/index.php?id=publikation_sprachsensibler_fachunterricht

Kapitel D

D 2.1.1

http://tinyurl.com/oaa62pk: http://bildungsserver.berlin-brandenburg.de/index.php

D 2.1.2

http://tinyurl.com/nf4zwt8: http://bildungsserver.berlin-brandenburg.de/index.php

http://tinyurl.com/p4alw7u: http://www2.klett.de/sixcms/media.php/229/316033_so_06.pdf

D 3

http://tinyurl.com/o6epkv9: http://bildungsserver.berlin-brandenburg.de/fileadmin/bbb/unterricht/unterrichtsentwicklung/Durchgaengige_Sprachbildung/Publikationen_sprachbildung/Lesende_Schule_2013.pdf

http://tinyurl.com/h3gk76x: http://www.foermig-berlin.de/materialien/Lesemotivation.pdf

D 4

http://tinyurl.com/hzjx7xo: http://www.edition-bilibri.com/fileadmin/pdfs/Ansicht_Broschuere_14.pdf

http://tinyurl.com/ogj4huj: https://www.frankfurt.de/sixcms/media.php/738/Mehrsprachigkeit_2012.pdf

Praktische Literatur

http://tinyurl.com/pmmchon: http://www.foermig-berlin.de/materialien/Lesemotivation.pdf

http://tinyurl.com/o6epkv9: http://bildungsserver.berlin-brandenburg.de/fileadmin/bbb/unterricht/unterrichtsentwicklung/Durchgaengige_Sprachbildung/Publikationen_sprachbildung/Lesende_Schule_2013.pdf

http://tinyurl.com/ogj4huj: https://www.frankfurt.de/sixcms/media.php/738/Mehrsprachigkeit_2012.pdf

http://tinyurl.com/p3zjo35: http://li.hamburg.de/contentblob/3845822/data/download-pdf-auszug-aus-der-li-broschuere-lautleseverfahren-drei-bausteine-fuer-ein-lesecurriculum.pdf

http://tinyurl.com/janfz8o: http://bildungsserver.berlin-brandenburg.de/fileadmin/bbb/unterricht/fachbriefe_berlin/sprachfoerderung/Fachbrief_Sprachfoerderung_DaZ_16.pdf

Wissenschaftliche Literatur

http://tinyurl.com/pjqsf97: http://www.pedocs.de/volltexte/2011/3526/pdf/DIPF_PISA_ISBN_2450_PDFX_1b_D_A.pdf

http://tinyurl.com/oud49yg: https://www.waxmann.com/?eID=texte&pdf=2828Volltext.pdf&typ=zusatztext

http://tinyurl.com/qa9x26s: http://www.bpv-vbe.de/fileadmin/upload/lehrer-fuer-lehrer/Basale_Lesekompetenz.pdf

http://tinyurl.com/ztsvged: https://www.phil-fak.uni-duesseldorf.de/fileadmin/Redaktion/Institute/Sozialwissenschaften/BF/Lehre/Materialien/Pisa/PISA_2009_Bilanz_nach_einem_Jahrzehnt.pdf_

http://tinyurl.com/nmvzfg4: http://www.pisa.tum.de/fileadmin/w00bgi/www/Berichtband_und_Zusammenfassung_2012/PISA_EBook_ISBN3001.pdf

http://tinyurl.com/ok28cfw: http://www.leseforum.ch/myUploadData/files/2012_3_Rosebrock.pdf

http://tinyurl.com/q6sxej4: https://www.stiftung-mercator.de/media/downloads/3_Publikationen/Schneider_et_al_Wirksamkeit_Sprachfoerderung.pdf

Kapitel E

E 2

http://tinyurl.com/jf8oxkv: https://www.google.de/url?sa=t&rct=j&q=&esrc=s&source=web&cd=1&ved=0ahUKEwjlgt_Y_MTKAhVJPxQKHR1YCBIQFggfMAA&url=http%3A%2F%2Fwww.springer.com%2Fcda%2Fcontent%2Fdocument%2Fcda_downloaddocument%2Fw_41_4715.pdf%3FSGWID%3D0-0-45-1362464-p174295866&usg=AFQjCNGdEh7DiU10bUI5a89jPprhEEcZ0w&cad=rja

http://tinyurl.com/q83jr95: http://www.daz-mv.de/fileadmin/team/Handreichung/4_a_bestandsaufnahme_sprachen.pdf

http://tinyurl.com/lsythl7: http://www.daz-portal.de/images/Berichte/bm_band_01_mats_bericht_20130618_final.pdf

E 4

http://tinyurl.com/pkahcqj: http://li.hamburg.de/contentblob/4274138/data/pdf-mehrsprachigkeit-zur-entwicklung-von-sprachbewusstsein.pdf

http://tinyurl.com/p5g9qhf: http://www.vsa.zh.ch/internet/bildungsdirektion/vsa/de/schulbetrieb_und_unterricht/faecher/sprache/heimatliche_sprache_kultur_hsk/_jcr_content/contentPar/morethemes/morethemesitems/416_1300895820464.spooler.download.1376311667897.pdf/liste_mehrsprachige_buecher.pdf&rct=j&frm=1&q=&esrc=s&sa=U&ved=0CEAQFjAHahUKEwiG9--8wrLHAhUiStsKHUngA1E&usg=AFQjCNGr83XSt9LbhJjPVqUSERXYYX_t1g

E 6

http://tinyurl.com/pljxx79: http://li.hamburg.de/contentblob/3850334/data/download-pdf-regelungen-im-herkunftssprachlichen-unterricht.pdf

http://tinyurl.com/od3v2jl: https://www.schulministerium.nrw.de/docs/Recht/Schulrecht/Erlasse/Herkunftssprache.pdf

http://tinyurl.com/omggozp: http://www.daz-mv.de/fileadmin/team/Rechte_Spalte/tf_daz_mag2012_Web_ds.pdf

http://tinyurl.com/qgt8yna: http://service.mvnet.de/_php/download.php?datei_id=44010

http://tinyurl.com/odg2utv: https://www.google.de/url?sa=t&rct=j&q=&esrc=s&source=web&cd=1&ved=0ahUKEwiPx5au_sTKAhVCPxQKHfKOAT0QFggfMAA&url=http%3A%2F%2Fwww.mk.niedersachsen.de%2Fdownload%2F4529%2FRunderlass_Foerderung_von_Schuelerinnen_und_Schuelern_nichtdeutscher_Herkunftssprache_vom_01.07.2014.pdf&usg=AFQjCNFhhwDFbyj2_v20ZyULw8OjeQVLEw&cad=rja

http://tinyurl.com/h5599ox: https://www.google.de/url?sa=t&rct=j&q=&esrc=s&source=web&cd=3&ved=0ahUKEwiStOvw5dvJAhVDpg4KHYSgDtUQFggoMAI&url=https%3A%2F%2Fwww.berlin.de%2Fsen%2Fbjw%2Ffluechtlinge%2Fleitfaden-zur-integration.pdf&usg=AFQjCNHhPhGmZWborcPQRtUwyVKgp2dTeA&cad=rja

http://tinyurl.com/oez76zq: http://www.schulgesetz-berlin.de/berlin/sekundarstufe-i-verordnung/teil-i-allgemeine-bestimmungen/kapitel-4-besondere-foerderung/sect-17-foerderung-fuer-schuelerinnen-und-schueler-nichtdeutscher-herkunftssprache.php

http://tinyurl.com/p9b324r: http://www.revosax.sachsen.de/vorschrift/2721-RL_Feststellungspruefung_auslaendische_Schueler#vwv6

Praktische Literatur
http://tinyurl.com/jf8oxkv: https://www.google.de/url?sa=t&rct=j&q=&esrc=s&source=web&cd=1&ved=0ahUKEwjlgt_Y_MTKAhVJPxQKHR1YCBIQFggfMAA&url=http%3A%2F%2Fwww.springer.com%2Fcda%2Fcontent%2Fdocument%2Fcda_downloaddocument%2Fw_41_4715.pdf%3FSGWID%3D0-0-45-1362464-p174295866&usg=AFQjCNGdEh7DiU10bUI5a89jPpihEEcZ0w&cad=rja

http://tinyurl.com/pkahcqj: http://li.hamburg.de/contentblob/4274138/data/pdf-mehrsprachigkeit-zur-entwicklung-von-sprachbewusstsein.pdf

http://tinyurl.com/q2eblup: http://oesz.at/download/cm/CurriculumMehrsprachigkeit2011.pdf

Wissenschaftliche Literatur
http://tinyurl.com/lsythl7:
http://www.daz-portal.de/images/Berichte/bm_band_01_mats_bericht_20130618_final.pdf

http://tinyurl.com/pdypxpg: http://www.bwstiftung.de/uploads/tx_news/BWS_FrueheMehrsprachigkeit_2011.pdf

http://tinyurl.com/ohmvzvq: https://www.google.de/url?sa=t&rct=j&q=&esrc=s&source=web&cd=1&cad=rja&uact=8&ved=0CCEQFjAAahUKEwj3itbq-ZvIAhWCjXIKHZDLDYk&url=http%3A%2F%2Fwww.gew-online.de%2Fdms_extern%2Fdownload.php%3Fid%3D231754&usg=AFQjCNEkkrBlY2fZHa0nsuXVB8KMy4J92g

Kapitel F

F 3
http://tinyurl.com/qas7htk: https://www.diver.uni-hamburg.de/service/expertenpool_start.html

http://tinyurl.com/z79s6wh:
https://www.foermig.uni-hamburg.de/bildungssprache/sprachbildungsnetzwerke.html

Praktische Literatur
http://tinyurl.com/nt9q4vf: http://www.foermig-berlin.de/materialien/Prof_Lerngemeinsch.pdf

http://tinyurl.com/n9ly4xf: http://equl.bildung-rp.de/fileadmin/user_upload/equl.bildung-rp.de/LLK/Manual_fuer_KUR-TeilnehmerInnen.pdf

http://tinyurl.com/ox9asbn_ http://www.daz-mv.de/fileadmin/team/Handreichung/8_a_Checkliste.pdf

Wissenschaftliche Literatur
http://tinyurl.com/noeg7sp: http://www.kmk.org/fileadmin/veroeffentlichungen_beschluesse/1996/1996_10_25-Interkulturelle-Bildung.pdf